प्राइवेट स्कूल बुक करप्शन

(क्रांति की ओर पहला कदम)

डॉ. जसमीत साहनी

BlueRose ONE.com
Stories Matter
NewDelhi • London

BLUEROSE PUBLISHERS
India | U.K.

Copyright © Dr. Jasmit Sahani 2024

All rights reserved by author. No part of this publication may be reproduced, stored in a retrieval system, or transmitted in any form or by any means, electronic, mechanical, photocopying, recording or otherwise, without the prior permission of the author. Although every precaution has been taken to verify the accuracy of the information contained herein, the publisher assumes no responsibility for any errors or omissions. No liability is assumed for damages that may result from the use of information contained within.

BlueRose Publishers takes no responsibility for any damages, losses, or liabilities that may arise from the use or misuse of the information, products, or services provided in this publication.

For permissions requests or inquiries regarding this publication, please contact:

BLUEROSE PUBLISHERS
www.BlueRoseONE.com
info@bluerosepublishers.com
+91 8882 898 898
+4407342408967

ISBN:978-93-6452-154-3

Cover design: Shivani

First Edition: September 2024

अध्याय सूची

1. इस पुस्तक का उद्देश्य। 01

2. एन.सी.ई.आर.टी.(NCERT) क्या है? 05

3. प्राइवेट स्कूलों में क्यों लागू नहीं हो पा रही NCERT की किताबें? 08

4. मुझे इस भ्रष्ट सिस्टम में खींचने की कोशिश और अंत में मेरा निर्णय। 22

5. 'क्या है स्कूल के मालिकों की नैतिक ज़िम्मेदारी ?' 28

6. 'मेरी RTI के सवाल और NCERT व CBSE के जवाब।' 30

7. अभिभावकों को हमेशा के लिए इस लूट से मुक्ति दिलवा सकता है मेरा "फिक्स रेट फॉमूर्ला"। 62

8. इन कानूनों और अधिकारों में बाधा बनता है यह भ्रष्टाचार। 68

9. कुछ सुझाव। 74

10. पुस्तक का दूसरा भाग कब ? 82

(1)
इस पुस्तक का उद्देश्य।

प्रिय पाठकों, आप जो इस वक्त यह पुस्तक पढ़ रहे हैं, इसे एक पुस्तक ना समझ कर सम्पूर्ण भारत में वर्षों से चली आ रही एक खास समस्या से बचने का एक रोड मैप समझिए। और पुस्तक के शीर्षक को पढ़कर आप यह समझ ही गए होंगे कि मैं यहाँ पर किस खास विषय पर बात कर रहा हूँ।

और यह कोई आम समस्या नहीं हैं। इससे हर कोई अपने जीवन काल में कभी ना कभी टकराया ज़रूर होगा। आप या आपके बच्चों का कोई भी प्रोफेशन अभी है या जो भविष्य में होगा, फिर चाहे वह आई.ए.एस. हो या आई.पी.एस. हो, शिक्षक हो, व्यापारी हो, डॉक्टर हो, या इंजीनियर हो, किसी सरकारी जॉब में हो, या फिर किसी प्राईवेट जॉब में हो, हर एक क्षेत्र में काम कर रहा हर एक शख्स चाहे किसी भी मंजिल की तरफ बढ़ रहा हो, उसे एक खास गली से होकर गुजरना ही पड़ता है। और वह खास गली है नर्सरी से लेकर कक्षा 12 तक की पढ़ाई।

बिना नर्सरी से कक्षा 12 तक की पढ़ाई किए हुए, कोई भी व्यक्ति किसी भी तरह की बड़ी डिग्री प्राप्त नहीं कर सकता। जीवन की इस शुरूआती दौर की पढ़ाई के लिए समाज में हर प्रकार के स्कूल उपलब्ध हैं। सरकारी स्कूल से लेकर प्राइवेट स्कूल तक। सरकारी स्कूल के हाल से तो हम सभी परिचित हैं, इसलिए उस विषय पर वार्ता करके हमें अपना ज़्यादा समय नष्ट नहीं करना चाहिए वरना हम असल मुद्दे से भटक सकते हैं। यहाँ हम विशेष तौर पर प्राइवेट स्कूलों की बात करेंगे जो निसंदेह कई सरकारी स्कूलों से बेहतर शिक्षा प्रदान करने में समर्थ हैं। क्योंकि इनका प्राइवेट मैनेजमेन्ट, स्कूल की मॉनिटरिंग अपने

स्तर पर करता है, जो उसकी स्वयं की जिम्मेदारी होती है।

भारत में मौजूद प्राइवेट स्कूलों की आपस में तुलना की जाए तो अलग-अलग स्कूलों की अलग-अलग फीस में जमीन आसमान का फर्क देखा जा सकता है। जहाँ एक ओर कुछ छोटे प्राइवेट स्कूल छात्रों से मात्र 6000/-रूपये की सालाना फीस लेते हैं, वहीं दूसरी ओर भारत के कुछ बड़े प्राइवेट स्कूल छात्रों से सालाना 24 लाख रूपये तक की फीस वसूल लेते हैं।

प्राइवेट स्कूलों के बीच फीस का इतना बड़ा अंतर स्कूलों द्वारा उपलब्ध कराई गई सुविधाओं पर निर्भर करता है। कुछ स्कूल जहाँ क्लास में मात्र एक ब्लैक बोर्ड और एक पंखे से काम चला लेते है, वहीं कुछ स्कूल क्लास में ग्रीन बोर्ड, टच स्क्रीन पैनल और एयर कंडीशन जैसी सुविधायें भी दे देते हैं। कक्षाओंके अलावा भी सम्पूर्ण स्कूल में कई प्रकार की ऐसी सुविधाऐं दी जाती हैं जो फीस में बड़ा अंतर पैदा कर सकती हैं।

चलो यह मान लेते हैं कि बेहतर सुविधाऐं देने में मंहगे इक्विपमेंट लगते हैं, बिजली का बिल भी खूब आता है और रखरखाव का भी स्कूल को खर्च करना पड़ता है। किंतु इन सबके बावजूद भी, विद्यार्थियों को शिक्षा प्रदान करने में एक सबसे महत्वपूर्ण चीज़ काम में आती है, जिसमें ना तो बिजली की जरूरत है, और ना ही उसमें कोई मंहगे कलपुर्जे इस्तेमाल में लाए जाते हैं। जी हाँ, वह महत्वपूर्ण चीज़ है, सामान्य कागज से बनी हुई, बच्चों के कोर्स की किताबें। कोर्स की किताबों के बिना क्या आप स्कूली शिक्षा की कल्पना कर सकते हैं ? नही ना !

हर माता-पिता यही चाहते हैं कि उनके बच्चों को वह ऐसे स्कूल में डाले, जहाँ वह बेहतर शिक्षा प्राप्त करके अपने जीवन में उन्नति प्राप्त कर सकें। अपना पेट काटकर, फिजूल खर्चों से बचते हुए, अपने शौक का गला घोंट कर, किसी तरह गरीब माँ-बाप एक

अच्छे प्राइवेट स्कूल में अपने बच्चे का दाखिला भी करा देते हैं। पूरे साल के खर्चों का अंदाज़ा लगाकर वह किसी तरह रूपये का प्रबंध भी कर लेते हैं, किंतु एक जगह आकर उनकी हिम्मत टूट जाती है। क्या आप जानते हैं वह क्या है? वह है प्राइवेट स्कूल की मंहगी किताबों के सैट की कीमत।

दाखिला हो जाने के बाद स्कूलों की ओर से पेरेन्ट्स को एक खास दुकानदार का पता दे दिया जाता है जहाँ से पेरेन्ट्स अपने बच्चों के लिए कोर्स की किताबों का सैट खरीद सकते हैं। स्कूल्स कोर्स की किताबों की बिक्री के लिए एक खास दुकानदार से अनुबंध कर लेते हैं, जिसके बाद वह दुकानदार प्रत्येक किताबों के सैट की बिक्री पर स्कूल को 20% से लेकर 50% तक की अंधी कमाई प्रदान करता है। यही वह कारण है कि जहाँ कक्षा 1 से कक्षा 8 तक की एनसीईआरटी की एक किताब **Rs 65** के लगभग आती है, वहीं प्राइवेट स्कूलों की एक किताब **Rs 700** तक भी पहुँच जाती है। यूँ तो यह जाँच के बाद ही स्पष्ट पता चल पाएगा किंतु एक अनुमान के मुताबिक भारत के प्राइवेट स्कूलों की किताबों का बाजार लगभग 55000 करोड़ रूपये का है, जो हर साल लगातार बढ़ता जा रहा है।

बेचारे पेरेन्ट्स यह कोशिश भी करते हैं कि किसी प्रकार से यही किताबें किसी दूसरे दुकानदार के यहाँ सस्ते में उपलब्ध हो जाऐं, किंतु काफी खोजने के बाद भी उन्हे निराशा हाथ लगती है और एक हैरान करने वाले सत्य से उनका साक्षात्कार होता है कि जो किताबों का सैट उनके स्कूल ने अपने यहाँ लागू किया है, वह सिर्फ़ और सिर्फ़ स्कूल के द्वारा सुझाये गए दुकानदार के यहाँ ही उपलब्ध है और इस प्रकार पेरेन्ट्स को मुंहमांगी कीमत पर, कोर्स किताबों के सैट को खरीदने के लिए बाध्य किया जाता है।

हर साल, स्कूलों के शैक्षिक सत्र की शुरूआत से पहले, भारत के विभिन्न कोनों से इस सिस्टम के खिलाफ आवाजें भी

उठती हैं और यह सुझाव दिए जाते हैं कि प्राइवेट स्कूलों में सिर्फ एन.सी.ई.आर.टी. की ही पुस्तकों को ही लागू किया जाए। किंतु स्कूलों के प्रबन्धकों, अधिकारियों और सरकार के कान पर जूँ तक नहीं रेंगती और हर साल इस प्रकार के आंदोलन शुरू होते ही समाप्त भी हो जाते हैं, और यह काला सिस्टम, बेशर्मी के साथ बदस्तूर यूं ही जारी रहता है।

मैं भी एक प्राइवेट स्कूल का प्रबंधन हूँ। पर मेरा प्रबंधन थोड़ा सा अलग है। मैं नहीं चाहता कि किसी भी कारण से मेरे किसी विद्यार्थी, किसी पैरेन्ट या मेरे शिक्षकों को किसी भी प्रकार की तकलीफ़ हो। कई पेरेन्ट्स से बात करने के बाद मुझे यह एहसास हुआ कि यह वाकई में एक काला सिस्टम है और इसका बंद होना बेहद ज़रूरी है। शायद मैं सम्पूर्ण भारत का अकेला ऐसा स्कूल प्रबंधक हूँ जो इसके खिलाफ आवाज उठा रहा है। मुझे मालूम है कि इस मार्ग पर मेरा सामना कई बड़े दुश्मनों से होगा, जिसकी मैं कतई परवाह नहीं करता।

यह पुस्तक उन सवालों का जवाब देने का प्रयास करती है, जो जवाब अभी तक किसी के भी पास नहीं है। और वह सवाल हैं कि ऐसा क्या कारण है कि प्राइवेट स्कूलों में एन.सी.ई.आर.टी. की पुस्तकें लागू नहीं हो पा रहीं? यह किसकी गलती है? और इस विकराल समस्या का क्या समाधान है?

(2)
एन.सी.ई.आर.टी.(NCERT) क्या है?

भारत में ज़्यादातर लोग को एक बहुत बड़ी गलतफ़हमी है कि एन.सी.ई.आर.टी. मात्र स्कूलों की किताबों को छापने और उन्हे प्रकाशित करने वाली एक संस्था मात्र है। परंतु सत्य यह है कि भारत सरकार द्वारा इस संस्था को शिक्षा क्षेत्र से जुड़ी और भी बहुत सी जिम्मेदारियों का निर्वहन करने के लिए बनाया गया था।

NCERT का फुल फार्म है,''नेशनल काउंसिल ऑफ एज्यूकेशनल रिसर्च एण्ड ट्रेनिंग''(National Counsil of Educational Research and Training). वैसे इसे हिन्दी में ''राष्ट्रीय शैक्षिक अनुसंधान और प्रशिक्षण परिषद्'' भी कहा जाता है। भारत सरकार द्वारा इसे विद्यालयी शिक्षा से जुड़े मामलों पर केन्द्र सरकार और प्रदेश की सरकारों को उत्तम राय देने के लिए स्थापित किया गया था।

एन.सी.ई.आर.टी. भारतीय स्कूली शिक्षा प्रणाली से जुड़ी समस्त नीतियों पर कार्य करती है। इसके अतिरिक्त एन.सी.ई. आर.टी. के अन्य कार्य हैं, शिक्षा के समूचे क्षेत्र में शोधकार्य को सहयोग और प्रोत्साहित करना, उच्च शिक्षा में प्रशिक्षण को सहयोग देना, स्कूलों में शिक्षा पद्वति में लाऐं गऐ बदलाव और विकास को लागू करना, राज्य सरकारों और अन्य शैक्षणिक संगठनों को स्कूली शिक्षा संबधी सलाह आदि देना और अपने कार्य हेतु प्रकाशन सामग्री और अन्य वस्तुओं के प्रचार की दिशा में कार्य करना।

इसकी स्थापना 1 सितंबर 1961 में हुई थी। यह संस्था भारत सरकार की वित्तीय सहायता से संचालित होने वाला स्वायत्त संगठन है। इसका रजिस्ट्रेशन ''सोसायटी रजिस्ट्रेशन एक्ट 1860'' के तहत हुआ था। शिक्षा के क्षेत्र में यह राष्ट्रीय स्तर का

संगठन है।

इसके अंतर्गत विभिन्न गतिविधियां संचालित होती हैं जैसे, मनोविज्ञान आधारित विज्ञान शिक्षा, शिक्षक शिक्षा, दार्शनिक आधार, क्षेत्रीय सेवा, शोध पत्रिका एवं शैक्षिक शोध, पाठ्य पुस्तक एवं पाठ्यक्रम, प्रारंभिक शिक्षा, दृश्य श्रव्य शिक्षा, प्रौढ़ शिक्षा एवं साक्षरता, केंद्रीय विज्ञान कार्यशाला, शैक्षिक सर्वेक्षण इकाई, कार्यानुभव एवं व्यवसायिक शिक्षा, परीक्षा एवं मूल्यांकन, दिव्यांग शिक्षा, निर्देशन एवं सलाह इत्यादि।

कई अन्य शैक्षणिक संस्थान एन.सी.ई.आर.टी के सहयोगी के तौर पर कार्यरत हैं, इनमें प्रमुख हैं :

राष्ट्रीय शिक्षा संस्थान – नई दिल्ली
केन्द्रीय शिक्षा प्रौद्योगिकी संस्थान– नई दिल्ली,
पं.सुंदरलाल शर्मा केन्द्रीय व्यावसायिक शिक्षा संस्थान– भोपाल,
क्षेत्रीय शिक्षा संस्थान –अजमेर,
क्षेत्रीय शिक्षा संस्थान –भोपाल,
क्षेत्रीय शिक्षा संस्थान –भुवनेश्वर,
क्षेत्रीय शिक्षा संस्थान– मैसूर,
उत्तर–पूर्वी क्षेत्रीय शिक्षा संस्थान– शिलांग ।

एन.सी.ई.आर.टी का मुख्य कार्य है शिक्षा के स्तर को ऊपर उठाना, हिंदी, उर्दू और अंग्रेजी भाषाओं से संबंधित विभिन्न कक्षाओं का संचालन करने के लिए पाठ्यक्रम की पुस्तकों को प्रकाशित करना, विभिन्न पाठ्यक्रमों को विकसित और आधुनिक बनाए रखना, शैक्षिक निर्देशन पुस्तिका एवं छात्र कार्य पुस्तिका पर कार्य करना, शिक्षक शिक्षा में विकास के लिए विस्तार कार्यक्रम आयोजित करना, परीक्षा प्रणाली में सुधार करना, परीक्षा प्रणाली को आधिकारिक तौर पर वस्तुनिष्ठ रूप प्रदान करना, विज्ञान, और गणित के शिक्षा क्षेत्र में नए

कार्यक्रमों का निर्माण एवं क्रियान्वयन करना, विज्ञान, सामाजिक विज्ञान एवं अन्य विषयों को प्रभावी बनाने के लिए उचित एवं उत्तम शिक्षण सहायक सामग्री का निर्माण करना, शोध एवं प्रतिभा खोज अध्येतावृत्तियां प्रदान करना, शिक्षक पाठ्यक्रम शिक्षण विधि एवं शिक्षण तकनीक के क्षेत्र में कठिनाइयों का समाधान करने के लिए शोध कार्य व्यवस्थित करना, इत्यादि।

शोध, विकास, प्रशिक्षण, विस्तार, प्रकाशन और प्रसार कार्यों के अलावा, NCERT विद्यालय शिक्षा के क्षेत्र में अन्य देशों के साथ द्विपक्षीय सांस्कृतिक आदान-प्रदान कार्यक्रमों के लिए एक कार्यान्वयन एजेंसी है। NCERT अंतरराष्ट्रीय संगठनों के साथ संवाद करता है और सहयोग में काम करता है, विदेशी प्रतिनिधिमंडलों के दौरे करता है और विकसित देशों के शैक्षिक कार्यक्रमों के लिए विभिन्न प्रशिक्षण सुविधाएँ प्रदान करता है।

(3)
प्राइवेट स्कूलों में क्यों लागू नहीं हो पा रही NCERT की किताबें?

यह प्रश्न सुनने और पढ़ने में जितना छोटा मालूम पड़ता है, इसका उत्तर देना उतना ही अधिक जटिल और लंबा प्रतीत होता है। भारतीय स्कूलों में पढ़ने वाले छात्रों के अभिभावकों की सबसे बड़ी समस्याओं में से एक यही तो है।

हर वर्ष, हर शैक्षिक सत्र की शुरुआत के साथ अभिभावकों की तरफ से यह मांग उठाई जाती है कि स्कूलों में महंगे प्राइवेट पब्लिकेशंस द्वारा प्रदान की जा रही पुस्तकों को छोड़कर, NCERT की सस्ती किताबें लागू करवाई जाएं ताकि अभिभावकों पर पड़ रहे अपने बच्चों की पढ़ाई के अतिरिक्त बोझ और खर्च से बचा जा सके।

किंतु हैरानी की बात यह है की ना तो प्राइवेट स्कूल वाले, ना तो शिक्षा क्षेत्र से जुड़े वरिष्ठ अधिकारी और ना ही राज्य और केंद्र में स्थापित सरकारें इस ओर ध्यान देती हैं। इस वर्ष भी संपूर्ण भारत में अभिभावकों को इस समस्या का सामना करना पड़ा किंतु हर वर्ष की भांति इस वर्ष भी अभिभावकों को मजबूरी में प्राइवेट पब्लिकेशंस की महंगी किताबें ही खरीदनी पड़ीं।

तो आखिर क्या कारण है कि भारत के प्राइवेट स्कूलों में कक्षा 1 से लेकर कक्षा 12 तक शिक्षण कार्यों में प्रयोग किए जाने के लिए NCERT की पुस्तकें लागू नहीं हो पा रही हैं? हालांकि कुछ प्राइवेट स्कूलों को मजबूरीवश कक्षा 9 से लेकर कक्षा 12 तक कुछ पुस्तकें NCERT की लगानी पड़ती हैं क्योंकि कक्षा 10 एवं कक्षा 12 में छात्रों को बोर्ड की परीक्षाएं देनी होती हैं और उनमें जिन प्रश्नों का चयन किया जाता है वह विशेषकर NCERT की किताबों से प्रेरित होते हैं।

असली समस्या कक्षा 1 से लेकर कक्षा 8 तक के विद्यार्थियों के अभिभावकों को झेलनी पड़ती है।

आइए, समझने की कोशिश करते हैं कि आखिर क्यों प्राइवेट स्कूल NCERT की किताबों से दूरी बना लेते हैं। असल में इसका कोई एक कारण न होकर कई कारण हैं और हम संक्षेप में हर एक कारण को समझने की कोशिश करेंगे।

(पहला कारण)

इस समस्या का सबसे पहला कारण अर्थ जगत से जुड़ा हुआ है । जी हां, आपने सही समझा। मैं बात कर रहा हूं प्राइवेट प्रकाशकों द्वारा प्राइवेट स्कूलों को होने वाली नाजायज आमदनी के बारे में।

जैसा कि हम सभी पहले से ही जानते हैं की प्रत्येक प्राइवेट स्कूल अपने यहां पढ़ने वाले विद्यार्थियों के शिक्षण कार्य के लिए प्राइवेट प्रकाशकों की पुस्तकों को ही लागू करवाता है। कई प्राइवेट स्कूल ऐसे भी हैं जो ऐसी अनोखी प्राइवेट किताबों को अपने स्कूलों में लागू करवाते हैं जो सिर्फ उन्हीं के द्वारा चयनित किए गए दुकानदार के यहां ही प्राप्त हो सकती हैं और अन्य किसी भी दुकान पर नहीं। इसी कारण मजबूरीवश अभिभावकों को एक खास दुकानदार से मुंह मांगी कीमत पर पुस्तकों का सेट खरीदना पड़ता है।

हालांकि यह भी सत्य है की हर स्कूल समान रूप से कमीशन नहीं लेता है। कुछ खास स्कूल जो बहुत ही उत्तम दर्जे की प्राइवेट प्रकाशक की पुस्तकों को लागू करते हैं जिनमें ज़्यादा से ज़्यादा 20% कमीशन ही प्राप्त किया जा सकता है। जबकि कई लुटेरे स्कूल ऐसे भी होते हैं जो 50% से कम की कमीशन पर काम करने को राज़ी ही नहीं होते हैं। हालांकि 20% कमीशन भी कोई कम नही है।

जहां एक ओर स्कूल किसी जमाने में शिक्षा का मंदिर कहे जाते थे, वह आज के युग में इस नाजायज कमीशनखोरी के

कारण, आज लूट की संगठित दुकानों का रूप ले चुके हैं। आगे के अध्याय में हम इस समस्या के समाधान पर भी चर्चा करेंगे ।

(दूसरा कारण)

यहां मैं NCERT की पुस्तकों से संबंधित कमियों पर चर्चा करना ज़रूरी समझता हूं। मीडिया जगत द्वारा किए गए एक सर्वे से यह बात स्पष्ट रूप से मुखर होकर सामने आती है की NCERT की पुस्तकों की भाषा को कभी–कभी बच्चों के लिए समझना थोड़ा सा मुश्किल हो जाता है।

हालांकि कई बार आई.ए.एस एवं आई.पी.एस रैंक के अधिकारियों द्वारा यह राय दी जाती है कि सिविल सर्विसेज की तैयारी कर रहे विद्यार्थियों को एन.सी.ई.आर.टी की ही पुस्तकों का अध्ययन करना चाहिए और खास तौर पर इतिहास और भूगोल की किताबों का तो ज़रूर ही करना चाहिए।

अब यहां समझने वाली बात यह है कि सिविल सर्विसेज की तैयारी कर रहे छात्र उम्र और ज्ञान में स्कूली छात्रों से कहीं आगे होते हैं, लिहाज़ा उनके लिए एन.सी.ई.आर.टी की पुस्तकों की भाषा को समझना कहीं अधिक आसान होता है।

एन.सी.ई.आर.टी की पुस्तकों के कंटेंट की भाषा थोड़ी मुश्किल होने के अलावा इनमें एक और कमी को स्पष्ट रूप से महसूस किया जा सकता है और वह कमी है उनका गुजरे जमाने के स्टाइल वाला कलेवर और नीरस सी दिखने वाली चित्रकारियां।

आज के युग में जहां बच्चे इंटरनेट मीडिया से जुड़कर विश्व स्तर का ज्ञानवर्धक कंटेंट देखने के आदी हो चुके हैं, वहां यदि उन्हें ऐसी पुस्तकों से पढ़ाई करवाई जाए जो दिखने में बहुत सूखी और बोरिंग हो तो यह निश्चित मान लीजिए कि बच्चे ज्यादा रुचि लेकर पढ़ाई नहीं कर पाएंगे।

वहीं दूसरी ओर प्राइवेट प्रकाशन इंटरनैशनल

लैवल की रंगत के साथ बहुत रोचक अंदाज में अध्यायों को प्रस्तुत करते हैं और साथ ही साथ साल दर साल वह लोग उन अध्यायों की भाषा को, छात्रों की उम्र के हिसाब से अधिक सरल और मनोरंजक बनाते चले जा रहे हैं।

पुस्तकों की रोचकता के इस भारी अंतर का सबसे बड़ा कारण यही है की एन.सी.ई.आर.टी का कार्य सिर्फ़ पुस्तकें प्रकाशित करना ही नहीं है होता है। उसे भारत सरकार द्वारा निर्धारित किए गए शिक्षा जगत से संबंधित अन्य दायित्वों का भी निर्वहन करना होता है। वहीं दूसरी ओर प्राइवेट प्रकाशकों का एकमात्र कार्य पुस्तकों का प्रकाशन ही होता है। लिहाज़ा वह हर साल नई टीमों का गठन करके पुस्तकों को और भी अधिक रोचक और ज्ञानवर्धक बनते चले जा रहे हैं। इसी कारण से एन.सी.ई.आर.टी और प्राइवेट पुस्तकों के बीच की खाई लगातार बढ़ती चली जा रही है। हालांकि **N.E.P.** आने के बाद एनसीईआरटी की किताबों में बेहतर बदलाव हुए हैं लेकिन वह अभी भी बड़े प्राइवेट प्रकाशकों के मुकाबले थोड़ा पीछे प्रतीत होती हैं।

(तीसरा कारण)

एन.सी.ई.आर.टी की किताबों का प्राइवेट स्कूल में लागू ना हो पाने का एक मुख्य कारण उसका अनुपलब्ध होना भी है।

यदि आप किसी किताबों वाले दुकानदार के पास एन.सी.ई.आर.टी का किसी खास कक्षा का बुक सैट लेने जाते हैं तो इसकी 50% संभावना होती है कि वह आपको उस दुकान पर मौके पर शायद नहीं मिल पाएगा। कभी दुकानदार द्वारा कहा जाता है कि वह आउट ऑफ स्टाक है या यह कह दिया जाता है कि अभी छपकर ही नहीं आ पाया है।

भारत के कई केंद्रीय विद्यालय भी इस समस्या का लगभग प्रत्येक वर्ष सामना करते हैं। जिस शहर में मैं रहता हूं, वहां के केंद्रीय विद्यालयों के अध्यापकों से वार्ता करने के बाद मेरा इस सच्चाई से

सामना हुआ की कई बार उन्हें विद्यार्थियों को बिना पुस्तकों के ही पढ़ाई करवानी पड़ती है और विद्यार्थी अपने घर से सिर्फ नोटबुक ही ला पाते हैं ताकि जो क्लास में पढ़ाया जा रहा है उसे अपनी नोटबुक पर रिकार्ड कर सकें।

वार्ता के दौरान केंद्रीय विद्यालय के अध्यापकों ने यह भी बताया की कई बार तो जुलाई माह तक किताबें आ जाती हैं लेकिन कई बार कुछ किताबें पूरे वर्ष ही अनुपलब्ध रहती हैं। अब यहां विचार करने योग्य बात यह है कि यदि इन संस्थानों को ही एन.सी.ई. आर.टी की बुक्स की किल्लत का सामना करना पड़ रहा है जबकि यह संस्थान आधिकारिक रूप से एन.सी.ई.आर.टी की पुस्तकों को लगाने को बाध्य है , तब आप स्वयं अंदाजा लगाइए की पूरे देश भर के प्राइवेट स्कूलों के लिए एन.सी.ई.आर.टी इतनी मात्रा में पुस्तकें कैसे छाप पाएगा?

(चौथा कारण)

इस समस्या का चौथा कारण है एनसीईआरटी में हर मुख्य विषय से संबंधित उसकी सहयोगी पुस्तक का ना होना तथा हर चैप्टर के अंत में उतने अधिक प्रैक्टिस प्रश्नों का ना होना, जितने प्राइवेट प्रकाशन की पुस्तकों में दिए जाते हैं। जैसे चैप्टर के अन्त में, उसी चैप्टर से सम्बन्धित कुछ कठिन शब्दों के शब्दार्थ बता रखे होते हैं। साथ ही साथ रीडिंग स्किल एक्टिविटी, सही व गलत वाले सवाल, MCQs, निम्न पक्तियों के भावार्थ, समान तुलना वाले शब्द, मूल्यांकन प्रश्न व निम्नलिखित शब्दों से वाक्य बनाना जैसी ट्रेनिंग एक्टिविटीज़ दी जाती हैं।

जैसा की मैंने पिछले कुछ प्वाइंट्स में भी ज़िक्र किया था की किस प्रकार प्राइवेट प्रकाशक ऐसी पुस्तकों का प्रकाशन करते हैं जिनमें चैप्टर को अधिक ज्ञानवर्धक और रोचक रूप से प्रस्तुत किया जाता है। और ऐसा कर सकने में हर मुख्य विषय के साथ लगने वाली सहायक पुस्तकों की महत्वपूर्ण भूमिका होती है।

इसे एक उदाहरण से समझने की कोशिश करते हैं। यहां पर मैं मुख्य रूप से इंग्लिश मध्यम से संचालित होने वाले स्कूलों में लगने वाली पुस्तकों का उदाहरण प्रस्तुत कर रहा हूँ।

जहां एक ओर इंग्लिश मध्यम के लिए एन.सी.ई.आर.टी कक्षा 1 के लिए सिर्फ तीन पुस्तकों का प्रकाशन करता है, जिसमें एक हिंदी की एक इंग्लिश की और एक मैथ्स की होती है। इसके अलावा एन.सी.ई.आर.टी कक्षा एक के लिए अन्य किसी सहायक पुस्तिका को उपलब्ध नहीं करवाता। जैसे ईवीएस, जनरल नालेज, मॉरल साइंस, कंप्यूटर, आर्ट एंड क्राफ्ट इत्यादि।

वहीं दूसरी ओर कई प्राइवेट स्कूल, अपने विद्यार्थियों को बेहतर शिक्षा प्रदान करने के लिए कक्षा एक में शिक्षण कार्य हेतु प्राइवेट प्रकाशकों की कई पुस्तकों को लागू करते हैं। कई प्राइवेट स्कूलों में तो हिंदी के लिए तीन व इंग्लिश के लिए तीन से पांच पुस्तकों को भी लागू किया जाता है। इसके अलावा ईवीएस, मॉरल साइंस, जनरल नालेज, कंप्यूटर, आर्ट एंड क्राफ्ट आदि कई सहायक पुस्तकों का भी साथ लिया जाता है।

प्राइवेट स्कूलों में लगने वाली प्राइवेट प्रकाशकों की सहायक पुस्तकों का बहुत महत्वपूर्ण रोल होता है। उनके अध्ययन के उपरांत न सिर्फ विद्यार्थियों में पढ़ने की क्षमता बढ़ती है बल्कि विद्यार्थियों का सार्वभौमिक विकास भी सुनिश्चित किया जाता है। इसके साथ ही इनमें कई ऐसी प्रैक्टिस पुस्तकें भी होती हैं जिनके उपयोग से अभी तक जो पढ़ा गया है उसका रिवीजन बहुत जल्दी और आसानी से हो जाता है । NCERT द्वारा विषयों की कम पुस्तकों का प्रकाशन भी एक बहुत महत्वपूर्ण कारण है जिसकी वजह से प्राइवेट स्कूल पूर्ण रूप से एनसीईआरटी की पुस्तकों को चाह कर भी लागू नहीं कर सकते। अपने विद्यार्थियों को बेहतर शिक्षा प्रदान करने के लिए प्राइवेट स्कूलों को प्राइवेट प्रकाशकों की

पुस्तकों का सहारा मजबूरी वश लेना ही पड़ता है।

अभी उपरोक्त जो उदाहरण प्रस्तुत किया गया है, कमोबेश यही हाल बाकि कक्षाओं का भी है। आगे दिए गए चार्ट के माध्यम से अब हम यह समझने की कोशिश करेंगे की NCERT हर कक्षा की कितनी पुस्तकों का प्रकाशन करता है, वहीं दूसरी ओर प्राइवेट स्कूल प्राइवेट प्रकाशकों की कितनी पुस्तकों को अपनी कक्षाओं में लागू करते हैं।

Class 1st

NCERT	PRIVATE
English	English
Mathematics	Mathematics
Hindi	Hindi
	Computer
	G.K.
	व्याकरण
	English Grammer
	EVS
	Moral Education
	Art and Craft
	Work Book
	English Conversation
	Reasoning

Class 2nd

NCERT	PRIVATE
Mathematics	English
Hindi	Mathematics
English	Hindi
	Computer
	G.K.
	व्याकरण
	English Grammer
	EVS
	Moral Education
	Art and Craft
	Work Book
	English Conversation
	Reasoning

Class 3rd

NCERT	PRIVATE
Mathematics	English
English	Mathematics
Hindi	Hindi
Environmental Studies	Computer
	G.K.
	व्याकरण
	English Grammer
	Science
	Social Education
	Moral Education
	Art and Craft
	Work Book
	English Conversation
	Reasoning

Class 4th

NCERT	PRIVATE
Mathematics	English
Hindi	Mathematics
English	Hindi
Environmental Studies	Computer
	G.K.
	व्याकरण
	Grammer
	Science
	Social Science
	Moral Education
	Art and Craft
	Work Book
	English Conversation
	Reasoning

Class 5th

NCERT	PRIVATE
Mathematics	English
Hindi	Mathematics
English	Hindi
Environmental Studies	संस्कृत
	Computer
	G.K.
	व्याकरण
	Grammer
	Science
	Social Science
	Moral Education
	Art and Craft
	Work Book
	English Conversation
	Reasoning

Class 6th

NCERT	PRIVATE
Hindi	English
Hindi Supplementary	Mathematics
English	Hindi
English Supplementary	संस्कृत
Mathematics	Computer
History	G.K.
Civics	व्याकरण
Geography	Grammer
Sanskrit	Science
Science	Social Science
	Moral Education
	Art and Craft
	Work Book
	English Conversation
	Reasoning

Class 7th

NCERT	PRIVATE
Mathematics	English
Science	Mathematics
English	Hindi
English Supplementary	संस्कृत
Sanskrit	Copmuter
History	G.K.
Civics	व्याकरण
Geography	Grammer
Hindi	Science
Hindi Supplementary	Social Science
	Moral Education
	Art and Craft
	Work Book
	English Conversation
	Reasoning

Class 8th

NCERT	PRIVATE
English	English
English Supplementary	Mathematics
Mathematics	Hindi
Hindi	संस्कृत
Hindi Supplementary	Computer
Science	G.K.
History	व्याकरण
Civics	Grammer
Geography	Science
Sanskrit	Social Science
Moral Education	Art and Craft
	Work Book
	English Conversation
	Reasoning

(4)
मुझे इस भ्रष्ट सिस्टम में खींचने की कोशिश और अंत में मेरा निर्णय।

मुझे मेरे परिवार में शुरुआत से ही शिक्षा को लेकर अनुकूल माहौल मिला। मेरे पिता ने ऑर्गेनिक केमिस्ट्री से MSc किया, वही मेरी मां MA थीं। घर में एक छोटा पुस्तकालय भी था जिसमें मैं शाम का ज्यादातर समय व्यतीत किया करता था । इसी सकारात्मक माहौल के कारण मैं अपना मानद उपाधि तक का सफर तय कर पाया तथा स्वयं भी एक लेखक बनकर कई पुस्तक प्रकाशित करवा सका।

हमारा पारिवारिक व्यवसाय टायरों का था किंतु मेरे अंदर सदैव से ही शिक्षा के क्षेत्र में समाज को कुछ सकारात्मक देने की भावना जागृत रहती थी। मुझे स्वयं व्यापार में पैसा कमाने का वह तरीका कभी पसंद नहीं आया, जहां थोड़ा बहुत झूठ का सहारा लेना पड़ता हो।

एक लंबे समय तक मैं इस पुश्तैनी व्यवसाय का हिस्सा रहा किंतु कहीं ना कहीं मन में एक कमी महसूस होती थी कि इस कार्य में मैं समाज का क्या ही भला कर सकता हूं ? साथ ही साथ, हर दिन मुझे यह भी लगता था कि मेरे जैसे किताब प्रेमी का इस क्षेत्र में क्या ही काम है ? काफ़ी समय पहले ही मेरे मन के बागीचे में एक संशय का बीज पड़ चुका था और मेरा मन प्रतिदिन उसे आत्मग्लानि के पानी से सींचता जा रहा था और फिर वही हुआ जिसकी उम्मीद थी।

वह बीज न जाने कब पेड़ बन गया और मैंने अपने जीवन में एक बड़ा निर्णय लेते हुए यह तय कर लिया कि मैं अपने इस पुश्तैनी व्यवसाय को हमेशा हमेशा के लिए बंद करके, शिक्षा क्षेत्र में सकारात्मक योगदान देने के लिए, अपने शहर शाहजहांपुर में एक स्कूल

की स्थापना करूंगा। मेरे इस निर्णय से मेरे परिवारजन व मेरे मित्र अचंभित थे क्योंकि वह पुश्तैनी व्यापार हमारे शहर में एक लैंडमार्क के रूप में जाना जाता था।

घर वालों और रिश्तेदारों का काफी विरोध सहने के बावजूद मैं अपने निर्णय पर पूर्ण विश्वास के साथ अडिग था और एक दिन वह आ ही गया जब मैंने उसे हमेशा के लिए बंद कर दिया। इसी के साथ मैंने स्कूल की स्थापना के लिए अपने कदम बढ़ा दिए और काफी कठिनाइयों के बाद एक दिन वह भी आया जब हमारे स्कूल ''दून इंटरनैशनल स्कूल'' के शिक्षण सत्र की शुरुआत हुई।

काफी वर्षो से मैं विभिन्न स्कूलों के शैशिक सिस्टम में कमियों को महसूस करता आ रहा था। दून इंटरनैशनल स्कूल की शुरुआत के साथ ही मैंने सबसे पहले उन कमियों पर कार्य किया और इसका एक बहुत ही सकारात्मक प्रभाव हमारे स्कूल पर पड़ा। मैंने अपने स्कूल के छात्रों, अभिभावकों , शिक्षकों एवं स्कूल के स्टाफ की समस्याओं को समझा और उसका त्वरित समाधान निकलते हुए अपने सिस्टम को प्रतिदिन बेहतर करता चला गया। इसका परिणाम यह हुआ की मात्रा 3 साल के अंदर मेरे विद्यालय में छात्रों की संख्या 1500 को पार करने लगी। एवं हमारे दसवीं कक्षा के पहले बोर्ड में, जिसमें मात्र 30 बच्चों ने प्रतिभाग किया था, उन 30 बच्चों में से सभी पास हुए तथा 10 बच्चों के मार्क्स 90% से ऊपर थे, जिसमें स्कूल में टॉप करने वाली छात्रा श्रेया आनंद पाठक ने 97% अंक अर्जित किए थे।

खैर, वापस इस पुस्तक के असल मुद्दे पर लौटते हैं। जब इस विद्यालय की स्थापना हो चुकी थी और छात्र–छात्राओं का एडमिशन शुरू हो चुका था, तब एक सबसे महत्वपूर्ण कार्य सामने आन खड़ा हुआ कि अपने स्कूल के छात्र–छात्राओं को बेहतर शिक्षा प्रदान करने के लिए किस प्रकाशक की पुस्तकों को लागू किया जाए। यह मैं

शुरुआत से ही तय कर चुका था कि मुझे अपने स्कूल के लिए भारत के सबसे बेहतरीन प्रकाशकों की पुस्तक ही लागू करनी है और मैंने वैसा ही किया भी।

भारत के बड़े प्रकाशक ज्यादा कमीशन पर कार्य नहीं करते, लिहाज़ा वह ज़्यादा से ज़्यादा स्कूल प्रबंधन को 20% तक का ही कमीशन दे पाते हैं। मैंने बिना कमीशन पर ध्यान दिए अपने विद्यालय के लिए सबसे बेहतरीन पुस्तकों का चुनाव किया, तथा सभी की सभी पुस्तकें भारत सरकार द्वारा निर्धारित की गई न्यू एजुकेशन पॉलिसी के तहत ही लगाई गई थीं और इसी के साथ हमारे स्कूल के शैक्षिक सत्र शुरू हो गए।

तभी धीरे-धीरे मेरे सामने भारत के प्राइवेट स्कूलों एवं प्राइवेट प्रकाशकों के बीच चल रहे काले खेल का एक बहुत ही घिनौना चेहरा उभर कर सामने आने लगा। हर नए सत्र की शुरुआत से तीन-चार महीने पहले ही मेरे स्कूल में दिल्ली, लखनऊ, बेंगलुरु एवं भारत के विभिन्न शहरों के प्रकाशकों के मैनेजरों की लाइन लगनी शुरू हो जाती थी। और ऐसा लगता था जैसे इन सभी के बीच एक कंपटीशन चल रहा हो की कौन सबसे बड़ा डकैत है।

मेरे साथ होने वाली पहली ही मीटिंग में जैसे यह सारे के सारे ही मुझे अपने भ्रष्टाचार के कीचड़ में सना देना चाहते हों। बातचीत की शुरुआत जहां पुस्तक की गुणवत्ता से शुरू होनी चाहिए, वहां इनमें से ज़्यादातर लोग अपनी कंपनी द्वारा दिए जा रहे मोटे कमीशन के गुणगान के साथ वार्ता की शुरुआत करते थे। इनमें से कई प्रकाशक तो न्यू एजुकेशन पॉलिसी को फॉलो भी नहीं कर रहे थे किंतु मीटिंग में बातचीत का केंद्र बिंदु कमीशन को ही रखते थे। कोई कहता था की ''डॉक्टर साहनी, न जाने आप कैसे व्यापारी हैं, जो इतने कम कमीशन पर कार्य कर रहे हैं। हमारी किताबें आपको 40% से लेकर 60% तक

का कमीशन देने को तैयार हैं।"

वार्ता आगे बढ़ाते हुए वह बड़ी ही बेशर्मी के साथ यह भी बताते थे कि वह शहर के, जिले के और राज्य के किन-किन स्कूलों को कितना-कितना कमीशन देते आ रहे हैं । कभी-कभी तो मन करता था कि ऐसे लोगों को धक्के मार कर अपने विद्यालय से बाहर निकाल दूं पर फिर यह सोचता था कि यह शायद मेरे स्वभाव के बारे में नहीं जानते कि मैं पैसों के लिए काम नहीं करता हूं। और यह तो अपने कंपनी द्वारा भेजे गए नुमाइंदे मात्र हैं। वैसे देखा जाए तो गलती पूर्ण रूप से प्रकाशकों की भी नहीं दिखती, क्योंकि वह तो अपना व्यापार करेंगे ही। गलती इन स्कूल मालिकों की है जो प्रकाशकों से मोटे कमीशन की माँग करते हैं। और इसलिए प्रकाशकों को भी अब इसी कमीशन की भाषा की आदत पड़ चुकी है।

यह सिलसिला तीन सत्रों तक चलता रहा, और इसी के साथ मेरे अंतर्मन में फिर एक बार संशय का बीज प्रत्यारोपित हो चुका था। अपने प्यारे छात्रों और उनके सीधे-साधे अभिभावकों को देखकर मेरे मन में एक आत्मग्लानि का भाव जागृत हो गया था कि क्या मेरे द्वारा किताबों पर लिया जा रहा 20% कमीशन उचित है? छोटा ही सही पर क्या मैं भी भ्रष्टाचार नहीं कर रहा हूं? अभिभावक जो अपने खून पसीने की कमाई से अपने बच्चों को मेरे विद्यालय भेज रहे हैं और प्रति माह फीस भी जमा कर रहे हैं, क्या उसके बावजूद भी मेरे अंदर इतना लालच भरा हुआ है कि मैं किताबों पर भी 20% कमीशन लूं? क्या मेरी नैतिकता का स्तर इस हद तक गिर गया है?

इसके बाद मैंने अपने जीवन में एक और बड़ा निर्णय लिया। मैंने यह तय कर लिया कि अगले सत्र से मैं पुस्तकों के संबंध में अपने विद्यालय में एक नियम स्थापित करूंगा। और इस नियम के तहत :-

सर्वप्रथम तो मैं आजीवन अपने स्कूल में शिक्षण कार्य में प्रयोग की जाने वाली पुस्तकों पर एक रुपए का भी कमीशन न लेने की प्रतिज्ञा लेता हूं तथा जब तक न्यायालय या सरकार द्वारा इस काले भ्रष्टाचार के विरुद्ध कोई कानून नहीं बन जाता, तब तक अभिभावकों को राहत देने के लिए इसी आने वाले सत्र से मैं सभी अभिभावकों के लिए किताबों के सैट की कीमत पर 20% की कटौती कर रहा हूं। हालांकि इस कार्य के साथ-साथ मैं स्कूल में किताबों के डोनेशन सिस्टम को भी प्रमोट करने की कोशिश करूंगा। इस सिस्टम के तहत छात्रों को अपनी पुस्तकें दूसरे छात्रों को दान देने के लिए प्रेरित किया जाएगा ताकि अभिभावकों को नया सेट खरीदने की ज़रूरत ही ना पड़े। यानी आठवीं कक्षा में पढ़ने वाला छात्र अपनी पुस्तकें सातवीं कक्षा को पास करके आठवीं में प्रवेश करने वाले छात्र को दान कर देगा। डोनेशन सिस्टम में बस थोड़ी समस्याओं का सामना करना पड़ता है क्योंकि सेट में कुछ पुस्तकें वर्कबुक होती हैं जो कि दोबारा प्रयोग में नहीं लाई जा सकती हैं, साथ ही साथ कुछ पुस्तकें फट भी जाती हैं जिस वजह से उनसे पढ़ाई करना थोड़ा मुश्किल हो जाता है।

शायद मैं भारत का पहला ऐसा स्कूल डायरेक्टर हूं जो अपने हाथों से ही अपना नुकसान करने को तैयार बैठा है। लेकिन इस कार्य को करने के बाद मेरे अंतर्मन को जो सुकून प्राप्त होगा, यकीन मानिए, उसकी कोई भी कीमत नहीं है।

एक पुरानी कहावत है, कि किसी भी महिम की शुरुआत सबसे पहले अपने ही घर से करनी चाहिए। बस, मैंने वही किया।

परंतु जैसे-जैसे मैं अपने विचारों की श्रृंखला में आगे बढ़ता गया, वैसे वैसे मेरे मन में एक और विचार आता चला गया कि मैं यह जो कुछ भी करूंगा उससे मात्र मेरे ही विद्यालय से जुड़े हुए छात्रों

के अभिभावकों को लाभ प्राप्त होगा, पर मेरे शहर के, जिले के, प्रदेश के एवं देश के बाकी प्राइवेट स्कूलों के अभिभावकों का क्या होगा? क्योंकि बाकी स्कूल वाले इस प्रकार के सिस्टम को अपने स्कूल में लागू करने को बिल्कुल भी राजी नहीं होंगे। तो क्या उन अभिभावकों की पीड़ा को कोई भी नहीं सुनेगा? मैं ऐसा क्या कर सकता हूं जिससे भारत के बाकी प्राइवेट स्कूलों के अभिभावकों को भी लाभ दिलवा सकूं? क्या मैं ऐसा कोई तरीका खोज सकता हूं?

(5)
'क्या है स्कूल के मालिकों की नैतिक ज़िम्मेदारी ?'

आखिर क्या कारण है की स्कूलों की प्राइवेट पुस्तकों कि जिस क्रांति पर मैं कार्य कर रहा हूं उसमें बाकी स्कूलों के मालिकों की सहभागिता बिल्कुल शून्य है? सहभागिता की बात तो जाने ही दीजिए, यह लोग तो नहा धोकर मेरे पीछे ही पड़ गए हैं। मुझे कई प्रकार के दबावों का सामना करना पड़ रहा है लेकिन मैं उन सभी विरोधियों को यह बात स्पष्ट रूप से समझा देना चाहता हूं कि मैं झुकने वाला नहीं हूं और ना ही मैं अपनी इस मुहिम को वापस लूंगा।

इस क्रांति में बाकी स्कूल मालिकों के सहयोग न मिलने का एकमात्र कारण है उनका लालच, जो उन्हें प्राइवेट प्रकाशकों की महंगी पुस्तक बेचकर बड़े कमीशन के रूप में प्राप्त होता है। लेकिन क्या रुपयों का लालच आज इतना अधिक बढ़ चुका है कि यह लोग समाज के प्रति अपनी जिम्मेदारियां को भी भूल चुके हैं और उनकी नैतिकता एवम् मानव मूल्यों का पूर्ण रूप से पतन हो चुका है? साफ तौर पर आज ऐसा ही प्रतीत होता है।

हर स्कूल पर्यावरण को बचाने के लिए बच्चों को लगातार यह सिखाता है कि पेड़ों का कम से कम कटान किया जाए और ज़्यादा से ज़्यादा पौधों को रोपा जाए लेकिन हर साल कोर्स में लगने वाली किताबों को बदलकर एवं विद्यार्थियों के अभिभावकों को हर शैक्षिक सत्र में नई किताबों के सेट को खरीदने के लिए बाध्य यही लोग करते हैं, जबकि किताबें के पन्नों का निर्माण पेड़ों के कटान से ही होता है? इसे स्कूलों का दोगलापन ना कहा जाए तो फिर आखिर क्या कहा जाए?

और इन प्राइवेट स्कूलों का दोगलापन सिर्फ

यहीं तक सीमित नहीं है । यहां एक बात और समझने योग्य है की स्कूल एक नॉन प्रॉफिट ऑर्गेनाइजे़शन (यानी गैर लाभकारी संगठन) होता है। स्कूल का संचालन एक संस्था या एक ट्रस्ट द्वारा ही किया जा सकता है और भारतीय कानून के अनुसार वह संस्था या ट्रस्ट गैर लाभकारी संस्था के रूप में ही कार्य कर सकता है । कम शब्दों में यदि समझाया जाए तो इसका अर्थ यह होता है कि विद्यार्थियों से प्राप्त होने वाली फीस को स्कूल और उसकी संस्था सिर्फ और सिर्फ स्कूल से संबंधित कार्यो पर ही खर्च कर सकती है। इसके बावजूद प्राइवेट स्कूल वाले प्राइवेट प्रकाशकों की किताबों को बेचकर हर साल मोटा कमीशन प्राप्त करते हैं। क्या यह भारतीय कानून का खुला उल्लंघन नहीं है? बिलकुल है।

यहां मैं एक बात और स्पष्ट कर देना जरूरी समझता हूं कि मैं किसी व्यापार या किसी व्यापारी का विरोधी नहीं हूं ? भारतीय संविधान सभी को यह स्वतंत्रता देता है की जो व्यक्ति जिस संस्था में चाहे जॉब कर सकता है तथा भारतीय कानून के अनुसार वह कोई भी व्यापार करने के लिए भी स्वतंत्र है, बशर्ते वह व्यापार किसी भी प्रकार के अपराध की श्रेणी में नहीं आता हो। व्यापार तो हजारों किस्म के होते हैं खूब करिए कौन मना करता है, लेकिन यदि आप शिक्षा के क्षेत्र में किसी स्कूल की स्थापना करते हैं तो यह समाज सेवा की श्रेणी में आता है ,ना कि व्यापार की श्रेणी में। मेरी क्रांति स्कूलों के अंदर हो रही अनैतिक लूट खसोट के खिलाफ है, जो इस समस्या के सदा के लिए खत्म होने तक जारी रहेगी।

मैं आशा करता हूं कि मेरी इस मुहिम से सकारात्मक प्रेरणा और हिम्मत लेकर भारत के अन्य प्राइवेट स्कूलों के मालिक भी अपना माइंडसैट चेंज करते हुए किताबों की इस कमीशन खोरी से बाहर आएंगे,, और अपने–अपने विद्यालयों को व्यापार की श्रेणी से बाहर निकालकर समाज सेवा की श्रेणी में लाते हुए शिक्षा के क्षेत्र में कार्य करेंगे।

(6)
'मेरी RTI के सवाल और NCERT व CBSE के जवाब।'

अपने और प्राइवेट पुस्तकों के भ्रष्टाचार के बीच चल रहे इस युद्ध की अभी तक की यात्रा के दौरान मैं काफी कुछ जान और समझ चुका था। मैं धीरे–धीरे इस राज़ के तह तक पहुंच रहा था कि आखिर क्यों प्राइवेट स्कूलों में एनसीईआरटी की पुस्तक नहीं लग पा रही हैं, इसके बारे में मैंने पिछले अध्याय में विस्तार से चर्चा भी की है।

अपने इस क्रांति के मार्ग पर आगे का सफर तय करने से पहले मैं इस संबंध में और भी अधिक ज़रूरी जानकारियां इकट्ठी कर लेना चाहता था। इस गंभीर समस्या से निपटने के लिए कोई भी कानूनी लड़ाई शुरू करने से पहले मैं यह जानना चाहता था कि इस मामले में सरकारें और एनसीईआरटी स्वयं क्या कहना चाहती हैं और इस भ्रष्टाचार के विरुद्ध अभी तक उसने स्वंम क्या–क्या कदम उठाए हैं।

और इस तरह मेरे और सरकारी मशीनरी के बीच कई दिनों तक आरटीआई के माध्यम से वार्ता का एक दौर चला। इस अध्याय में मैं कुछ जरूरी आरटीआई और उनके जवाबों के बारे में चर्चा करना जरूरी समझता हूं। इससे हमें भ्रष्टाचार की इस गंभीर समस्या की जड़ तक पहुंचने में मदद मिलेगी और हमारे लिए यह समझना और भी अधिक आसान होगा कि आखिर सिस्टम में कमियां कहां पर आ रही हैं।

RTI QUESTION 1

17–4–2024 को मैंने अपनी पहली आरटीआई एप्लीकेशन फाइल की और ऊपर दिए गए सवालों का जवाब मांगना चाहा। मेरी इस उपरोक्त आरटीआई को दो मुख्य संस्थाओं को ट्रांसफर कर गया, जिसमें से एक एनसीईआरटी थी और दूसरी सीबीएसई।

Q ①

सेवा में,

लोक सूचना अधिकारी,

शिक्षा मंत्रालय,

शास्त्री भवन, नई दिल्ली।

विषय :- प्रार्थी सूचना का अधिकार अधिनियम 2005 की धारा 6(1) के अंतर्गत निम्नलिखित सूचनाएं चाहता है :-

1. क्या ऐसा कोई कानून बनाया गया है जिसमें यह स्पष्ट उल्लेख किया गया हो कि देश के सभी स्कूलों में कक्षा 1 से कक्षा 12 तक सिर्फ NCERT की ही पुस्तकों से पढ़ाई होगी ? यदि ऐसा कानून है तो उसका विवरण प्रदान करने का कष्ट करें ।

2. क्या ऐसा कोई कानून बनाया गया है जिसमें यह स्पष्ट उल्लेख किया गया हो कि कक्षा 1 से कक्षा 12 तक की कोर्स की पुस्तकों के सैट का वज़न ज़्यादा से ज़्यादा कितने किलो होना चाहिए ? यदि हां, तो उस कानून का विवरण प्रदान करने का कष्ट करें। कृपया हर कक्षा के सैट का वज़न अलग-अलग बताएं।

3. क्या ऐसा कोई कानून बनाया गया है जिसमें यह स्पष्ट उल्लेख किया गया हो कि कक्षा 1 से कक्षा 12 तक की कोर्स की पुस्तकों के सैट की कीमत ज़्यादा से ज़्यादा कितने रूपए होनी चाहिए ? यदि ऐसा कोई कानून है तो उसका विवरण प्रदान करने का कष्ट करें। कृपया हर कक्षा के सेट की कीमत अलग-अलग बताएं ।

4. यदि उपरोक्त लिखित तीनों बिंदुओं के संबंध मे कोई भी कानून अब तक भारत सरकार द्वारा नहीं बनाया गया है, तो इस संबंध में कानून बनाने की क्या प्रक्रिया होती है ?

आवेदक का नाम : - डॉ. जसमीत साहनी

पता :- साहनी निवास, घूरन तलैया, गुरुद्वारा वाली गली, शाहजहांपुर (उ. प्र), पिन :- 242001

मोबाइल :- 7309182398

ईमेल :- sahni94@gmail.com

RTI Online
Version 2.0

Public Authorities Available

An Initiative of Department of Personnel & Training, Government of India

Home Submit Request Submit First Appeal View Status View History Login User Manual Contact Us FAQ

Your RTI Request filed successfully.

Please note down the following details for further references.

Registration Number	DOSEL/R/E/24/01635
Name	डॉ. जसमीत साहनी
Date of Filing	17-04-2024
RTI Fee Received	₹ 10
Payment Mode	Internet Banking, Credit or Debit Card / RuPay Card, UPI
SBI Reference number	CPADSPFCQ0
Transaction Status	Completed Successfully
Request filed with	Department of School Education and Literacy
Contact Details	
Telephone Number	23383040
Email Id	rti.edu@nic.in

Save Print

(32)

सेवा में,
लोक सूचना अधिकारी,
शिक्षा मंत्रालय, शास्त्री भवन,
नई दिल्ली।

विषय :– प्रार्थी सूचना का अधिकार अधिनियम 2005 की धारा 6 (1) के अंतर्गत निम्नलिखित सूचनाएं चाहता है :–

1. क्या ऐसा कोई कानून बनाया गया है जिसमें यह स्पष्ट उल्लेख किया गया हो कि देश के सभी स्कूलों में कक्षा 1 से कक्षा 12 तक सिर्फ NCERT की ही पुस्तकों से पढ़ाई होगी ? यदि ऐसा कानून है तो उसका विवरण प्रदान करने का कष्ट करें ।

2. क्या ऐसा कोई कानून बनाया गया है जिसमें यह स्पष्ट उल्लेख किया गया हो कि कक्षा 1 से कक्षा 12 तक की कोर्स की पुस्तकों के सैट का वज़न ज़्यादा से ज़्यादा कितने किलो होना चाहिए ? यदि हां, तो उस कानून का विवरण प्रदान करने का कष्ट करें। कृपया हर कक्षा के सैट का वज़न अलग–अलग बताएं।

3. क्या ऐसा कोई कानून बनाया गया है जिसमें यह स्पष्ट उल्लेख किया गया हो कि कक्षा 1 से कक्षा 12 तक की कोर्स की पुस्तकों के सैट की कीमत ज़्यादा से ज़्यादा कितने रूपए होनी चाहिए? यदि ऐसा कोई कानून है तो उसका विवरण प्रदान करने का कष्ट करें। कृपया हर कक्षा के सेट की कीमत अलग–अलग बताएं।

4. यदि उपरोक्त लिखित तीनों बिंदुओं के सम्बंध में कोई भी कानून अब तक भारत सरकार द्वारा नहीं बनाया गया है, तो इस सम्बंध में कानून बनाने की क्या प्रक्रिया होती है ?

आवेदक का नाम :– डॉ0 जसमीत साहनी
पता :– साहनी निवास, घूरन तलैया, गुरुद्वारा वाली गली, शाहजहांपुर (उ.प्र), पिन : 242001 मोबाइल :– 7309182398
ईमेल :– sahni94@gmail-com

(NCERT का जवाब)

NATIONAL COUNCIL OF EDUCATIONAL
RESEARCH AND TRAINING
RD401831938IN
राष्ट्रीय शैक्षिक अनुसंधान
और प्रशिक्षण परिषद्
REGISTERED
श्री जसमीत साहनी
साहनी निवास, पूरन तलैया,
शाहजहाँपुर- 242001,
उत्तर प्रदेश।
सर्व शिक्षा अभियान
श्री अरविन्द मार्ग, नई दिल्ली-110016
SRI AUROBINDO MARG, NEW DELHI-110016

राष्ट्रीय शैक्षिक अनुसंधान और प्रशिक्षण परिषद्

NATIONAL COUNCIL OF EDUCATIONAL RESEARCH AND TRAINING

पाठ्यचर्या अध्ययन एवं विकास विभाग
दूरभाष: 011-26527044, ई-मेल:cgncert2019@gmail.com
वेबसाइट: www.ncert.nic.in

डॉ. रंजना अरोड़ा
प्रोफेसर एवं अध्यक्ष

फा. सं. 3-3/आर.टी.आई./2024-25/पा.अ.वि.वि | 265
दिनांक: 22 मई, 2024

सेवा में,

डॉ. जसमीत साहनी,
साहनी निवास,
घूरन तलैया, शाहजहांपुर,
उत्तर प्रदेश- 242001

विषय: सूचना के अधिकार अधिनियम- 2005 के अंतर्गत माँगी गई सूचना।

महोदया,

सूचना के अधिकार अधिनियम-2005 के अंतर्गत आर.टी.आई. पंजीकरण संख्या **NSERT/R/T/24/0056** तथा आर.टी.आई. प्रकोष्ठ, एन.सी.ई.आर.टी. के माध्यम से दिनांक 25.04.2024 को पाठ्यचर्या अध्ययन एवं विकास विभाग में प्राप्त हुआ। इस संबंध में विभाग का बिंदुवार उत्तर निम्नानुसार है:-

बिंदु संख्या 1-4

इस संबंध में पाठ्यचर्या अध्ययन एवं विकास विभाग के कार्यालयी दस्तावेजों में सूचना उपलब्ध नहीं है।

भवदीय,
रंजना अरोड़ा
(रंजना अरोड़ा)
प्रोफेसर एवं अध्यक्ष
जन सूचना अधिकारी

श्री अरविन्द मार्ग, नई दिल्ली-110016
दूरभाष : 26560620, 26566360 फैक्स : 91-11-26868419
तार : शिक्षाशोध

SRI AUROBINDO MARG, NEW DELHI-110016
PHONE : 26560620, 26566360 FAX : 91-11-26868419
GRAMS : EDUSEARCH

इन सवालों के जवाब में NCERT की तरफ से एक लैटर प्राप्त हुआ जिसमें साफ शब्दों में लिखा हुआ था कि,,,

इस संबंध में पाठ्य चर्चा अध्ययन एवं विकास विभाग के कार्यालय दस्तावेजों में सूचना उपलब्ध नहीं है।

NCERT द्वारा दिया गया यह जवाब मेरे लिए काफी चौंकाने वाला था। खैर अब मैं इंतजार कर रहा था कि CBSE द्वारा इस संबंध में क्या जवाब दिया जाता है। तीन दिन बाद मुझे सीबीएसई का जवाब प्राप्त हुआ जो इस प्रकार है।

(CBSE का जवाब)

Enter Registration Number	CBSED/R/T/24/00176
Name	डॉ- जसमीत साहनी
Received Date	25/04/2024
Public Authority	Central Board of Secondary Education
Status	REQUEST DISPOSED OF
Date of action	06/05/2024
Reply :- 1. के.मा.शि.बो. 10वी तथा 12वीं की बोर्ड की परीक्षा कराने वाली संस्था है। प्रत्येक शैक्षणिक सत्र के आरंभ में बोर्ड द्वारा curriculum document, 09वीं से 12वीं के लिए बोर्ड की website पर upload किया जाता है। बोर्ड द्वारा NCERT की पाठ्यपुस्तके प्रयोग करने की अनुशंसा की जाती है। 2. कृपया इस सम्बन्ध में परिपत्र सं. No.CBSE/AFF/CIRCULAR/16a/2017/1335026 दिनांक 18.12.2017 का अवलोकन करें। जो की बोर्ड की आधिकारिक website www.cbse.nic.in पर उपलब्ध हैं। 3. कृपया क्रम सं. 2 पर दिए गए उत्तर का अवलोकन करें। 4. मांगीं गई जानकारी बोर्ड से सम्बंधित नहीं है।	
CPIO Details :-	CPIO (Academics) Phone: 23237780 pragya1580[at]cbse[dot]gov[dot]in
First Appellate Authority Details :-	FAA (Academic) Phone: 011-23237780 jsacademics[dot]cbse[at]gmail[dot]com
Nodal Officer Details :-	
Telephone Number	22440083
Email Id	rs[dot]rtihq[at]gmail[dot]com

ऊपर दिए गए उत्तर के प्रथम भाग की अंतिम पंक्ति में एक शब्द का प्रयोग किया गया है और वह है "अनुशंसा"। सीबीएसई अपने जवाब में यह कहती है कि बोर्ड द्वारा एनसीईआरटी पाठ्य पुस्तकों के प्रयोग करने की "अनुशंसा" की जाती है। यहां पर यह नहीं कहा गया की सीबीएसई द्वारा या किसी भी भारतीय शैक्षिक संस्था द्वारा एनसीईआरटी की पाठ्य पुस्तकों के प्रयोग करने के लिए 'कानून' बनाया गया है। यहां कहा जा रहा है कि ऐसा करने की मात्र अनुशंसा की गई है। अनुशंसा का शाब्दिक अर्थ होता है सिफारिश करना, संस्तुति करना या रिकमेंड करना। इस शब्द से आप लोग साफ तौर पर समझ पा रहे होंगे कि आखिर समस्या कहां आ रही है।

खैर, मेरी आरटीआई के संबंध में दिए गए उत्तर के दूसरे भाग में एक परिपत्र का जिक्र किया गया है। यह पत्र सीबीएसई की आधिकारिक वेबसाइट पर उपलब्ध है, जिसे पढ़ने के बाद स्थिति और स्पष्ट होने लगती है। यह परिपत्र अंग्रेजी भाषा में उपलब्ध है और यहां मैं एक चित्र के साथ उसका हिंदी अनुवाद दे रहा हूं। आप पहले उसे पढ़िए उसके बाद हम इस पर भी चर्चा करेंगे।

केन्द्रीय माध्यमिक शिक्षा बोर्ड
CENTRAL BOARD OF SECONDARY EDUCATION

No.CBSE/AFF/CIRCULAR/16a/2017 / 1335026   Dated: 18.12.2017

To

All the Heads of Schools affiliated to the CBSE

Sub: Clarification related to Board's circular dated 25.08.2017 regarding placing of indent for NCERT books – reg.

Ref :
1. **Circular No.** Acad/13/2016 dated 12.04.2016
2. **Circular No.** CBSE/AFF/circular/ 10/2017 dated 19.04.2017
3. **Circular No.** Acad-29/2017 dated 09.08.2017
4. **Circular No.** CBSE/AFF/circular/16/2017/ 1293271 dated 25.08.2017

This is in continuation to Board's circular No. CBSE/AFF/CIRCULAR/16/2017/ 1293271 dated 25.08.2017, wherein the schools were allowed to place indent for purchase of NCERT books directly through NCERT website for distribution among their students and for this purpose, a 'Tuck Shop' may be opened inside the premises of the schools.

2. In this connection, the CBSE vide circular No.Acad/13/2016 dated 12.04.2016 has directed the schools not to force children and their parents to buy textbooks other than NCERT/CBSE textbooks. The Board has also issued circular No. CBSE/AFF/CIRCULAR/ 10/2017 dated 19.04.2017 directing the schools affiliated with Board to desist from the unhealthy practice of coercing parents to buy text books and stationery items from within the premises or from selected vendors only.

3. The NCERT, in order to augment the availability of NCERT books for the students of CBSE affiliated schools, has called for indent through their website for purchase of books as per the requirement assessed by the schools. The Academic Unit of CBSE vide circular No. Acad-29/2017 dated 09.08.2017 advised the schools to register and place their demand for NCERT books required for academic year 2018-19 through the online link www.ncertbooks.ncert.gov.in.

4. The Board is in receipt of various communications from stakeholders seeking clarification on the scope of the circular. Accordingly, it is clarified that vide circular dated 25.08.2017, the schools can open small outlets for supply of only NCERT books and shall not sell books of any other publishers. Besides, the schools are also permitted to provide stationery items to its students such as pen, pencil, copy, register, notebooks, eraser, sharpener, blank sheets, and art & craft materials etc. The price charged for all these items should not be more than maximum retail price (m.r.p). Parents are free to buy textbooks and stationery items from within the premises or from any other vendor of their choice Further, it may be noted that selling books other than NCERT books in these shops, will be considered a violation of this circular, and will attract action against the school.

(ANURAG TRIPATHI)
SECRETARY, CBSE

"शिक्षा केन्द्र", 2, सामुदायिक केन्द्र, प्रीत विहार, दिल्ली -110092
"Shiksha Kendra" 2, Community Centre, Preet Vihar, Delhi - 110092

Copy for information and necessary compliance thereon.

1. All the Managers of the Private unaided Schools affiliated to the CBSE.
2. The Commissioner, Kendriya Vidyalaya Sangathan, 18-Institutional Area, Shaheed Jeet Singh Marg, New Delhi – 110016
3. The Commissioner, Navodaya Vidyalaya Samiti, A-28, Kailash Colony, New Delhi.
4. The Director of Education, Delhi, Chandigarh, Arunachal Pradesh, Sikkim, Port Blair.
5. The Director, Central Tibetan School Administration, EssEss Plaza, Community Centre, Sector-3, Rohini-85.
6. The Director, Secondary Education, Departments of all States.
7. All HODs of CBSE.
8. The SPS to Chairperson.
9. The Joint Secretary (Co-ordination), CBSE, Delhi.
10. The Deputy Secretary (A&L), CBSE, Preet Vihar, Delhi.
11. All Regional Offices of CBSE/CoEs of Board
12. The PRO, CBSE, Delhi for due Publicity/Cenbosec.
13. The Research Officer (Technical), Affiliation, CBSE- for uploading in CBSE website.
14. Guard File.

(ANURAG TRIPATHI)
SECRETARY, CBSE

CBSE के सर्कुलर का हिंदी अनुवाद : -

1. यह बोर्ड के परिपत्र संख्या CBSE/AFF/CIRCULAR/16/2017/1293271 दिनांक 25.08.2017 के संदर्भ में है, जिसमें स्कूलों को उनके छात्रों के बीच वितरण के लिए NCERT किताबों की खरीद के लिए सीधे NCERT की वेबसाइट के माध्यम से ऑर्डर देने की अनुमति दी गई थी और इस उद्देश्य के लिए, स्कूल परिसर के अंदर एक 'टक शॉप' खोली जा सकती है।

2. इस संदर्भ में, CBSE ने परिपत्र संख्या Acad/13/2016 दिनांक 12.04.2016 के माध्यम से स्कूलों को निर्देश दिया था कि वे बच्चों और उनके माता-पिता को NCERT/CBSE पाठ्यपुस्तकों के अलावा अन्य पाठ्यपुस्तकें खरीदने के लिए मजबूर न करें। बोर्ड ने परिपत्र संख्या CBSE/AFF/CIRCULAR/10/2017 दिनांक 19.04.2017 के माध्यम से बोर्ड से संबद्ध स्कूलों को यह भी निर्देश दिया कि वे माता-पिता को पाठ्यपुस्तकें और स्टेशनरी वस्तुएं केवल स्कूल परिसर से या चयनित विक्रेताओं से ही खरीदने के लिए बाध्य न करें।

*3. NCERT ने CBSE से संबद्ध स्कूलों के छात्रों के लिए NCERT पुस्तकों की उपलब्धता बढ़ाने के उद्देश्य से अपनी वेबसाइट के माध्यम से स्कूलों द्वारा आकलित आवश्यकता के अनुसार पुस्तकों की खरीद के लिए ऑर्डर आमंत्रित किया है। CBSE के शैक्षणिक इकाई ने परिपत्र संख्या Acad/29/2017 दिनांक 09.08.2017 के माध्यम से स्कूलों को 2018-19 के शैक्षणिक वर्ष के लिए आवश्यक NCERT पुस्तकों की मांग दर्ज करने और ऑर्डर देने के लिए www.ncertbooks.ncert.gov.in लिंक के माध्यम से पंजीकरण कराने

की सलाह दी थी।*

4. बोर्ड को विभिन्न हितधारकों से इस परिपत्र के दायरे पर स्पष्टीकरण मांगने वाले संचार प्राप्त हो रहे हैं। तदनुसार, यह स्पष्ट किया जाता है कि दिनांक 25.08.2017 के परिपत्र के अनुसार, स्कूल केवल NCERT पुस्तकों की आपूर्ति के लिए छोटे आउटलेट खोल सकते हैं और किसी अन्य प्रकाशक की पुस्तकों को नहीं बेच सकते। इसके अलावा, स्कूल अपने छात्रों को स्टेशनरी वस्तुएं भी प्रदान कर सकते हैं जैसे कि पेन, पेंसिल, कॉपी, रजिस्टर, नोटबुक, इरेज़र, शार्पनर, खाली शीट्स, और कला एवं शिल्प सामग्री आदि। इन सभी वस्तुओं के लिए मूल्य अधिकतम खुदरा मूल्य (एम.आर. पी) से अधिक नहीं होना चाहिए। माता-पिता पाठ्यपुस्तकें और स्टेशनरी वस्तुएं स्कूल परिसर से या अपनी पसंद के किसी अन्य विक्रेता से खरीदने के लिए स्वतंत्र हैं। आगे, यह ध्यान दिया जाना चाहिए कि इन दुकानों में NCERT पुस्तकों के अलावा अन्य पुस्तकें बेचना इस परिपत्र का उल्लंघन माना जाएगा, और इसके खिलाफ कार्रवाई की जाएगी।

तो जैसा कि यहां हम स्पष्ट रूप से समझ सकते हैं की सीबीएसई ने मेरी आरटीआई के जवाब के रूप में जिस सर्कुलर का ज़िक्र किया है, उसमें यह साफ–साफ लिखा हुआ है की स्कूल अपने विद्यालय के परिसर में छात्र–छात्राओं को पुस्तक बेचने के लिए एक अस्थाई दुकान लगा सकते हैं किंतु यहां दो बहुत बड़ी शर्तो का ज़िक्र भी साथ–साथ किया गया है। पहली शर्त यह की विद्यालय अपनी उस स्थाई दुकान से सिर्फ और सिर्फ एनसीईआरटी की पुस्तक ही बेच सकता है । अन्य किसी भी प्राइवेट प्रकाशन की पुस्तकों को बेचने पर पूर्ण रूप से पाबंदी है और दूसरी शर्त यह कि वह छात्र–छात्राओं के अभिभावकों को इन पुस्तकों को खरीदने के लिए बाध्य भी नहीं कर सकता। इसके अलावा

भी स्टेशनरी के समान को भी जबरदस्ती बेचने पर पाबंदी है।

किंतु इन शर्तों के बावजूद भी यहां एक बहुत बड़ी कमी देखी जा सकती है। और वह कमी यह है कि उपरोक्त शर्तों को मानने या ना मानने पर किसी कानून के उल्लंघन का जिक्र नहीं किया गया है। इन्होंने उपरोक्त प्रपत्र में जिन शब्दों का प्रयोग किया है, वह शब्द कुछ इस प्रकार हैं :–

❖ सर्कुलर

❖ निर्देश

❖ सलाह

यहां पर सीबीएसई ने एनसीईआरटी की पाठ्य पुस्तकों के संबंध में जो बातें कही हैं उनमें सर्कुलर, निर्देश, सलाह आदि शब्दों का प्रयोग किया गया है। हालांकि अंत में यह भी लिखा है कि उपरोक्त शर्तो का उल्लंघन करने पर स्कूलों के खिलाफ कार्रवाई की जाएगी किंतु हाल फिलहाल के वर्षो में किसी स्कूल पर सीबीएसई या एनसीईआरटी द्वारा किसी बहुत बड़ी कार्यवाही की जानकारी सार्वजनिक नहीं हो पाई है। और ऐसा इसीलिए है की इन शर्तो का उल्लंघन करने पर किसी खास कानून के तहत दंड देने का प्रावधान दृष्टिगोचर नहीं हो रहा है।

भारत के प्राइवेट स्कूल आज भी धड़ल्ले से, या तो अपने परिसर से प्राइवेट प्रकाशकों की पाठ्य पुस्तकों को बेच रहे हैं, या माता–पिता को किसी खास दुकान का पता देकर इन प्राइवेट प्रकाशकों की पाठ्य पुस्तकों को खरीदने के लिए बाध्य कर रहे हैं। और ऐसा तब तक चलता रहेगा जब तक भारत सरकार इसके संबंध में कोई स्पष्ट कानून नहीं बना देती है।

RTI Question 2

Q②

सेवा में,

लोक सूचना अधिकारी,

शिक्षा मंत्रालय,

शास्त्री भवन, नई दिल्ली।

विषय :- प्रार्थी सूचना का अधिकार अधिनियम 2005 की धारा 6(1) के अंतर्गत निम्नलिखित सूचनाएं चाहता है :-

1. शिक्षण कार्य के लिए एन.सी.ई.आर.टी की कक्षा 1 से कक्षा 12 तक की पुस्तकों को प्राइवेट स्कूलों में लागू किए जाने के संबंध में क्या दिशानिर्देश या गाइडलाइंस जारी की गई हैं ?

2. यदि कोई प्राइवेट स्कूल कक्षा 1 से कक्षा 12 तक शिक्षण कार्य के लिए एन.सी.ई.आर.टी की पुस्तकों का प्रयोग नहीं कर रहा है, तो क्या ऐसे स्कूल पर दंड का कोई प्रावधान है ?

3. क्या प्राइवेट स्कूल शिक्षण कार्य के लिए कक्षा 1 से कक्षा 12 तक किसी भी प्राइवेट प्रकाशन की पुस्तकों को लगाने के लिए स्वतंत्र है ?

आवेदक का नाम : - डॉ. जसमीत साहनी

पता :- साहनी निवास, घूरन तलैया, गुरुद्वारा वाली गली, शाहजहांपुर (उ. प्र), पिन :- 242001

मोबाइल :- 7309182398

ईमेल :- sahni94@gmail.com

सेवा में,
लोक सूचना अधिकारी,
शिक्षा मंत्रालय,
शास्त्री भवन, नई दिल्ली।

विषय :- प्रार्थी सूचना का अधिकार अधिनियम 2005 की धारा 6 (1) के अंतर्गत निम्नलिखित सूचनाएं चाहता है :-

1. शिक्षण कार्य के लिए एन.सी.ई.आर.टी की कक्षा 1 से कक्षा 12 तक की पुस्तकों को प्राइवेट स्कूलों में लागू किए जाने के संबंध में क्या दिशानिर्देश या गाइडलाइंस जारी की गई हैं ?

2. यदि कोई प्राइवेट स्कूल कक्षा 1 से कक्षा 12 तक शिक्षण कार्य के लिए एन.सी.ई.आर.टी की पुस्तकों का प्रयोग नहीं कर रहा है, तो क्या ऐसे स्कूल पर दंड का कोई प्रावधान है ?

3. क्या प्राइवेट स्कूल शिक्षण कार्य के लिए कक्षा 1 से कक्षा 12 तक किसी भी प्राइवेट प्रकाशन की पुस्तकों को लगाने के लिए स्वतंत्र है ?

आवेदक का नाम :- डॉ0 जसमीत साहनी
पता :- साहनी निवास, घूरन तलैया, गुरुद्वारा वाली गली शाहजहांपुर (उ.प्र.), पिन :- 242001
मोबाइल :- 7309182398
ईमेल ' - sahni94@gmail-com

18.4.2024 को जब मैंने इसी संबंध में एक दूसरी आरटीआई CBSE को डाली, तो उसके जवाब में उनके द्वारा जो उत्तर दिया गया वह आपके समक्ष प्रस्तुत है।

CBSE का जवाब

Enter Registration Number	CBSED/R/E/24/01285
Name	डॉ- जसमीत साहनी
Received Date	18/04/2024
Public Authority	Central Board of Secondary Education
Status	REQUEST DISPOSED OF
Date of action	06/05/2024
Reply :- 1. के.मा.शि.बो. 10वी तथा 12वीं की बोर्ड की परीक्षा कराने वाली संस्था है। प्रत्येक शैक्षणिक सत्र के आरंभ में बोर्ड द्वारा curriculum document, 09वीं से 12वीं के लिए बोर्ड की website पर upload किया जाता है। बोर्ड द्वारा NCERT की पाठ्यपुस्तके प्रयोग करने की अनुशंसा की जाती है। 2. कृपया इस सम्बन्ध में परिपत्र सं. No.CBSE/AFF/CIRCULAR/16a/2017/1335026 दिनांक 18.12.2017 का अवलोकन करें। जो की बोर्ड की आधिकारिक website www.cbse.nic.in पर उपलब्ध हैं। 3. कृपया क्रम सं. 2 पर दिए गए उत्तर का अवलोकन करें।	
CPIO Details :-	CPIO (Academics) Phone: 23237780 pragya1580[at]cbse[dot]gov[dot]in
First Appellate Authority Details :-	FAA (Academic) Phone: 011-23237780 jsacademics[dot]cbse[at]gmail[dot]com
Nodal Officer Details :-	
Telephone Number	22440083
Email Id	rs[dot]rtihq[at]gmail[dot]com

सीबीएसई द्वारा प्रदान किए गए उत्तर में दो बहुत ही रोचक बातें सामने आती हैं। जैसा कि आप उनके उत्तर में बताए गए पॉइंट नंबर एक की आखिरी लाइन में स्पष्ट देख पा रहे होंगे कि उन्होंने इस बार 'कानून' की बजाए एक और नए शब्द का ज़िक्र किया है और वह है 'अनुशंसा'। यानी एक बार पुनः प्राइवेट प्रकाशकों की पुस्तकों को लगाए जाने के संबंध में किसी कानून के प्रावधान का ज़िक्र ना करते हुए यह स्पष्ट तौर पर लिखा हुआ है कि बोर्ड द्वारा एनसीईआरटी की पाठ्यपुस्तकें प्रयोग करने की अनुशंसा की जाती है। यानी कि अब यह स्थिति बहुत स्पष्ट हो चुकी है कि भारत के पास इस संबंध में कोई भी पुख्ता कानून नहीं है।

दूसरी रोचक बात यह देखने को मिली कि उपरोक्त दिए गए उत्तर के दूसरे बिंदु में पुनः सीबीएसई द्वारा जारी किए गए उसी खास सर्कुलर का जिक्र किया गया है जो मुझे पहले आरटीआई के उत्तर में भी प्राप्त हुआ था। जिसका हिंदी अनुवाद भी मैं पहले ही आपके समक्ष प्रस्तुत कर चुका हूं। यानी कमोबेश दूसरी आरटीआई के प्रश्नों के संबंध में भी लगभग वही उत्तर दिए गए हैं। इसके बाद मैंने अपनी तीसरी आरटीआई डाली ।

RTI Question 3

Q(3)

सेवा में,

लोक सूचना अधिकारी,

शिक्षा मंत्रालय,

शास्त्री भवन, नई दिल्ली।

विषय :- प्रार्थी सूचना का अधिकार अधिनियम 2005 की धारा 6(1) के अंतर्गत निम्नलिखित सूचनाएं चाहता है :-

कक्षा 1 से लेकर कक्षा 12 तक के लिए, एन.सी.ई.आर.टी द्वारा प्रकाशित की जाने वाली सभी विषयों की पुस्तकों का कक्षावार यानि हर कक्षा की पुस्तकों का अलग-अलग विवरण प्रदान करने का कष्ट करें। जैसे कक्षा 1 में किन-किन विषयों की पुस्तकें एन.सी.ई.आर.टी द्वारा प्रकाशित की जाती हैं , कक्षा 2 में किन-किन विषयों की पुस्तकें एन.सी.ई.आर.टी द्वारा प्रकाशित की जाती हैं इत्यादि इत्यादि ।

आवेदक का नाम : - डॉ-जसमीत साहनी

पता :- साहनी निवास, घूरन तलैया, गुरुद्वारा वाली गली,

शाहजहांपुर (उ. प्र), पिन :- 242001

मोबाइल :- 7309182398

RTI Online
Version 2.0
An Initiative of Department of Personnel & Training, Government of India

Public Authorities Available

Select Language: English

Home Submit Request Submit First Appeal View Status View History Login User Manual Contact Us FAQ

Your RTI Request filed successfully.

Please note down the following details for further references.

Registration Number	NSERT/R/E/24/00215
Name	डॉ. जसमीत साहनी
Date of Filing	28-04-2024
RTI Fee Received	₹ 10
Payment Mode	Internet Banking, Credit or Debit Card / RuPay Card, UPI
SBI Reference number	CPADTIQBI9
Transaction Status	Completed Successfully
Request filed with	National Council of Educational Research & Training
Contact Details	
Telephone Number	01126592111
Email Id	rk2020rky@gmail.com

(50)

सेवा में,

लोक सूचना अधिकारी,

शिक्षा मंत्रालय,

शास्त्री भवन, नई दिल्ली।

विषय :- प्रार्थी सूचना का अधिकार अधिनियम 2005 की धारा 6 (1) के अंतर्गत निम्नलिखित सूचनाएं चाहता है:-

कक्षा 1 से लेकर कक्षा 12 तक के लिए, एन.सी.ई.आर.टी द्वारा प्रकाशित की जाने वाली सभी विषयों की पुस्तकों का कक्षावार यानि हर कक्षा की पुस्तकों का अलग-अलग विवरण प्रदान करने का कष्ट करें। जैसे कक्षा 1 में किन-किन विषयों की पुस्तकें एन.सी.ई.आर.टी. द्वारा प्रकाशित की जाती हैं, कक्षा 2 में किन-किन विषयों की पुस्तकें एन.सी.ई.आर.टी द्वारा प्रकाशित की जाती हैं इत्यादि इत्यादि ।

आवेदक का नाम :- डॉ जसमीत साहनी

पता :- साहनी निवास, घूरन तलैया, गुरुद्वारा वाली गली, शाहजहांपुर (उ.प्र.), पिन :- 242001

मोबाइल :- 7309182398

28.4.2024 को मेरे द्वारा जो आरटीआई डाली गई थी उसका उत्तर कुछ इस प्रकार आया।

NCERT का जवाब

Enter Registration Number	NSERT/R/T/24/00056
Name	डॉ- जसमीत साहनी
Received Date	25/04/2024
Public Authority	National Council of Educational Research & Training
Status	REQUEST DISPOSED OF
Date of action	24/05/2024
Reply :- The Required Information Attached herewith	
View Document	
CPIO Details :-	Ranjana Arora, DCS&D Phone: 011-265927044 ranjuarora1967[at]yahoo[dot]co[dot]in
First Appellate Authority Details :-	Prof[dot] Sridhar Srivastava Phone: 011-26510105 jd[dot]ncert[at]nic[dot]in
Nodal Officer Details :-	
Telephone Number	01126592111
Email Id	rk2020rky[at]gmail[dot]com

Print RTI Application | Print Status | Go Back

राष्ट्रीय शैक्षिक अनुसंधान
और प्रशिक्षण परिषद्

NATIONAL COUNCIL OF EDUCATIONAL
RESEARCH AND TRAINING

फा. सं 25-25/2015/पी डी/एस डब्लू
प्रकाशन प्रभाग
विक्रय स्कंध

दिनांक 08/05/2024

सेवा मे,

श्री जसमीत साहनी
सहनी निवास, घूरन तलैया,
शाहजहाँपुर–242001,
उत्तर प्रदेश।

विषयः– सूचना अधिकार अधिनियम 2005 के अंतर्गत सूचना प्रदान करने बाबत।

आर.टी.आई. संख्या नं. NSERT/R/E/24/00215 दिनांक 28/04/2023 से पत्र प्राप्त हुआ है जिसमें **सूचना अधिकार अधिनियम 2005 के अंतर्गत** माँगी गई जानकारी का उत्तर निम्न प्रकार है।

एन.सी.ई.आर.टी. द्वारा प्रकाशित पाठ्य पुस्तकों की कक्षावार सूची मूल्य सहित एन.सी.ई.आर.टी. की वेबसाईट www.ncert.nic.in पर उपलब्ध है।

(डॉ. अनुप कुमार राजपूत)
प्रो एवं अध्यक्ष
प्रकाशन प्रभाग

श्री अरविन्द मार्ग, नई दिल्ली-110016
दूरभाष : 26560620, 26566360 फैक्स : 91-11-26868419
तार : शिक्षाशोध

SRI AUROBINDO MARG, NEW DELHI-110016
PHONE : 26560620, 26566360 FAX : 91-11-26868419
GRAMS : EDUSEARCH

NCERT द्वारा मेरी RTI के सम्बन्ध में दिए गए उत्तर में, उन्के द्वारा यह कहा गया कि प्रश्न में जो जानकारी माँगी गई है यानि कि NCERT द्वारा प्रकाशित पाठ्य पुस्तकों की कक्षावार सूचि, मूल्य सहित एन०सी०ई०आर०टी० की वेबसाइट www.ncert.nic.in पर उपलब्ध है।

RTI Question 4

Q(4)

सेवा में,

लोक सूचना अधिकारी,

शिक्षा मंत्रालय,

शास्त्री भवन, नई दिल्ली।

विषय :- प्रार्थी सूचना का अधिकार अधिनियम 2005 की धारा 6(1) के अंतर्गत निम्नलिखित सूचनाएं चाहता है :-

(1). प्राइवेट स्कूलों में कक्षा 1 से लेकर कक्षा 12 तक शिक्षण कार्य में प्रयोग की जाने वाली पुस्तकों के संबंध में कौन-कौन से कानून बनाए गए हैं ? कृपया उनका विवरण प्रदान करने का कष्ट करें ?

(2). यदि प्राइवेट स्कूलों की कक्षा 1 से लेकर कक्षा 12 तक की पुस्तकों के संबंध में किसी भी प्रकार का कोई भी कानून बनाया गया है तो उसका पालन ना करने की स्थिति में, स्कूलों पर किस प्रकार के दण्ड या सज़ा का प्रावधान है ?

आवेदक का नाम : - डॉ-जसमीत साहनी

पता :- साहनी निवास, घूरन तलैया, गुरुद्वारा वाली गली,

शाहजहांपुर (उ. प्र), पिन :- 242001

मोबाइल :- 7309182398

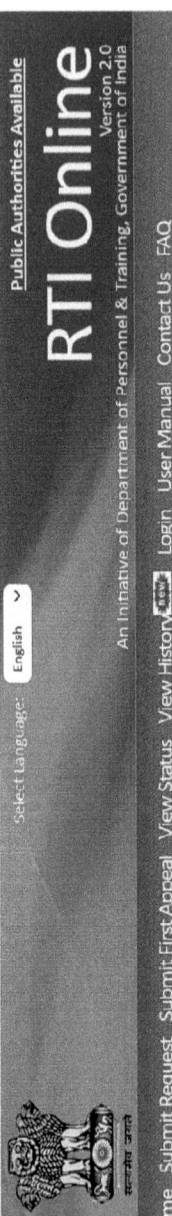

Select Language: English ⌄		Public Authorities Available
		RTI Online
		Version 2.0
		An Initiative of Department of Personnel & Training, Government of India

Home Submit Request Submit First Appeal View Status View History **New** Login User Manual Contact Us FAQ

Your RTI Request filed successfully.

Please note down the following details for further references.

Registration Number	CBSED/R/E/24/01437
Name	डॉ- जसमीत साहनी
Date of Filing	02-05-2024
RTI Fee Received	₹ 10
Payment Mode	Internet Banking, Credit or Debit Card / RuPay Card, UPI
SBI Reference number	CPADT5DTA3
Transaction Status	Completed Successfully
Request filed with	Central Board of Secondary Education
Contact Details	
Telephone Number	22440083
Email Id	rs.rtihq@gmail.com

Save   Print

सेवा में,

लोक सूचना अधिकारी,

शिक्षा मंत्रालय,

शास्त्री भवन, नई दिल्ली।

विषय :– प्रार्थी सूचना का अधिकार अधिनियम 2005 की धारा 6(1) के अंतर्गत निम्नलिखित सूचनाएं चाहता है :–

(1). प्राइवेट स्कूलों में कक्षा 1 से लेकर कक्षा 12 तक शिक्षण कार्य में प्रयोग की जाने वाली पुस्तकों के संबंध में कौन–कौन से कानून बनाए गए हैं ? कृपया उनका विवरण प्रदान करने का कष्ट करें ?

(2). यदि प्राइवेट स्कूलों की कक्षा 1 से लेकर कक्षा 12 तक की पुस्तकों के संबंध में किसी भी प्रकार का कोई भी कानून बनाया गया है तो उसका पालन ना करने की स्थिति में, स्कूलों पर किस प्रकार के दण्ड या सज़ा का प्रावधान है ?

आवेदक का नामः डॉ0 जसमीत साहनी

पता :– साहनी निवास, घूरन तलैया, गुरुद्वारा वाली गली,

शाहजहांपुर (उ.प्र.), पिन :– 242001

मोबाइल :– 7309182398

मेरे मन में अभी भी कई प्रश्नों के उत्तर जानने की जिज्ञासा बाकी थी। लिहाज़ा 2.5.2024 को मैंने अपनी चौथी RTI डाली और इसके संबंध में जो उत्तर मुझे प्राप्त हुआ, वह मुझे अचंभित करने वाला था।

CBSE का जवाब

Enter Registration Number	CBSED/R/E/24/01437
Name	डॉ- जसमीत साहनी
Received Date	02/05/2024
Public Authority	Central Board of Secondary Education
Status	REQUEST DISPOSED OF
Date of action	14/05/2024
Reply :- क्रम सं. 1 एवं 2 के समबन्ध में - कृपया नीचे दिए लिंक पर सूचना प्राप्त करें :- https://www.cbse.gov.in/cbsenew/Examination_Circular/2017/4_CIRCULAR.pdf इस सम्बन्ध में और कोई जानकारी उपलब्ध नहीं है।	
CPIO Details :-	CPIO (Academics) Phone: 23237780 pragya1580[at]cbse[dot]gov[dot]in
First Appellate Authority Details :-	FAA (Academic) Phone: 011-23237780 jsacademics[dot]cbse[at]gmail[dot]com
Nodal Officer Details :-	
Telephone Number	22440083
Email Id	rs[dot]rtihq[at]gmail[dot]com

Print RTI Application | Print Status | Go Back

Search

केन्द्रीय माध्यमिक शिक्षा बोर्ड
CENTRAL BOARD OF SECONDARY EDUCATION

No.CBSE/AFF/CIRCULAR/16a/2017 /1335026   Dated: 18.12.2017

To

All the Heads of Schools affiliated to the CBSE

Sub: Clarification related to Board's circular dated 25.08.2017 regarding placing of indent for NCERT books – reg.

Ref :
1. **Circular No.** Acad/13/2016 dated 12.04.2016
2. **Circular No.** CBSE/AFF/circular/ 10/2017 dated 19.04.2017
3. **Circular No.** Acad-29/2017 dated 09.08.2017
4. **Circular No.** CBSE/AFF/circular/16/2017/ 1293271 dated 25.08.2017

This is in continuation to Board's circular No. CBSE/AFF/CIRCULAR/16/2017/ 1293271 dated 25.08.2017, wherein the schools were allowed to place indent for purchase of NCERT books directly through NCERT website for distribution among their students and for this purpose, a 'Tuck Shop' may be opened inside the premises of the schools.

2. In this connection, the CBSE vide circular No.Acad/13/2016 dated 12.04.2016 has directed the schools not to force children and their parents to buy textbooks other than NCERT/CBSE textbooks. The Board has also issued circular No. CBSE/AFF/CIRCULAR/ 10/2017 dated 19.04.2017 directing the schools affiliated with Board to desist from the unhealthy practice of coercing parents to buy text books and stationery items from within the premises or from selected vendors only.

3. The NCERT, in order to augment the availability of NCERT books for the students of CBSE affiliated schools, has called for indent through their website for purchase of books as per the requirement assessed by the schools. The Academic Unit of CBSE vide circular No. Acad-29/2017 dated 09.08.2017 advised the schools to register and place their demand for NCERT books required for academic year 2018-19 through the online link www.ncertbooks.ncert.gov.in.

4. The Board is in receipt of various communications from stakeholders seeking clarification on the scope of the circular. Accordingly, it is clarified that vide circular dated 25.08.2017, the schools can open small outlets for supply of only NCERT books and shall not sell books of any other publishers. Besides, the schools are also permitted to provide stationery items to its students such as pen, pencil, copy, register, notebooks, eraser, sharpener, blank sheets, and art & craft materials etc. The price charged for all these items should not be more than maximum retail price (m.r.p). Parents are free to buy textbooks and stationery items from within the premises or from any other vendor of their choice Further, it may be noted that selling books other than NCERT books in these shops, will be considered a violation of this circular, and will attract action against the school.

(ANURAG TRIPATHI)
SECRETARY, CBSE

"शिक्षा केन्द्र", 2, सामुदायिक केन्द्र, प्रीत विहार, दिल्ली -110092
"Shiksha Kendra" 2, Community Centre, Preet Vihar, Delhi - 110092

Copy for information and necessary compliance thereon.

1. All the Managers of the Private unaided Schools affiliated to the CBSE.
2. The Commissioner, Kendriya Vidyalaya Sangathan, 18-Institutional Area, Shaheed Jeet Singh Marg, New Delhi – 110016
3. The Commissioner, Navodaya Vidyalaya Samiti, A-28, Kailash Colony, New Delhi.
4. The Director of Education, Delhi, Chandigarh, Arunachal Pradesh, Sikkim, Port Blair.
5. The Director, Central Tibetan School Administration, EssEss Plaza, Community Centre, Sector-3, Rohini-85.
6. The Director, Secondary Education, Departments of all States.
7. All HODs of CBSE.
8. The SPS to Chairperson.
9. The Joint Secretary (Co-ordination), CBSE, Delhi.
10. The Deputy Secretary (A&L), CBSE, Preet Vihar, Delhi.
11. All Regional Offices of CBSE/CoEs of Board
12. The PRO, CBSE, Delhi for due Publicity/Cenbosec.
13. The Research Officer (Technical), Affiliation, CBSE- for uploading in CBSE website.
14. Guard File.

(ANURAG TRIPATHI)
SECRETARY, CBSE

इसके जवाब में सीबीएसई द्वारा एक बार पुनः वही सर्कुलर पढ़ने की हिदायत दी गई जो मुझे अपनी पिछली आरटीआई में पहले से ही दो बार प्राप्त हो चुका था। यानी की सीबीएसई या एनसीईआरटी या भारत सरकार के शिक्षा मंत्रालय द्वारा या अन्य भी किसी संस्था द्वारा इस गंभीर मामले में किसी भी प्रकार के कानून का कोई भी प्रावधान दिया ही नहीं गया है। और ना ही आज की तारीख तक इस लूट के खिलाफ कानून बनाने की कोई चर्चा ही की गई है।

और इस बार के उत्तर की आखिरी लाइन को पढ़कर ऐसा प्रतीत हो रहा था जैसे वह मुझे उत्तर दे देकर थक ही गए हों। उन्होंने उत्तर की आखिरी लाइन में लिखा है कि ''इस संबंध में और कोई जानकारी उपलब्ध नहीं है।''

विभिन्न आरटीआई द्वारा पूछे गए विभिन्न प्रश्नों के उत्तर में मुझे जो कुछ भी जानकारी प्राप्त हुई है, उससे मुझे इस समस्या की तह तक जाने में बहुत मदद मिली है। अब जबकि मैं इस बीमारी की जड़ तक पहुंच चुका हूं तो आगे का रास्ता मुझे साफ़-साफ़ दिखाई पड़ता है।

(7)
अभिभावकों को हमेशा के लिए इस लूट से मुक्ति दिलवा सकता है मेरा "फिक्स रेट फॉमूर्ला"।

अपने पिछले अध्यायों में मैंने जहां आप सबको इस समस्या की जड़ को समझाने की कोशिश की है, वहीं इस अध्याय में मैं इस ज्वलंत समस्या को जड़ से खत्म करने का रास्ता बताने की कोशिश करूंगा। इस अध्याय में मेरे द्वारा बताए गए सुझावों को सरकारें यदि अमल में लें आएं, तो मैं दावे के साथ एक बात कह सकता हूं कि भारत के समस्त अभिभावकों को इस संगठित लूट से सदा सदा के लिए आज़ादी मिल जाएगी। इसे मैंने नाम दिया है "फिक्स रेट फॉमूर्ला" (Fix Rate Formula)

इस संबंध में सरकार को कुछ कार्य करने होंगे। मुख्य तौर पर इन कार्यों को दो भागों में विभाजित किया जा सकता है। पहला कार्य, इस संबंध में खास कानून बनाना और दूसरा कार्य, उस कानून के पालन की देखरेख के लिए एक डेडिकेटेड रेगुलेटरी आब्ज़र्वर बॉडी को स्थापित करना। मैं इसे आसान भाषा में समझाने की कोशिश करूंगा।

सबसे पहले तो हमें एक बात समझ लेनी चाहिए की सरकार कोई ऐसा कानून नहीं बना सकती जो संविधान के मूल नियमों का ही उल्लंघन करने लगे। इसे एक उदाहरण के रूप में समझिए। मान लीजिए हम यह कहते हैं कि सरकार एक ऐसा कानून बनाएं, जिसमें सभी स्कूलों को यह आदेश दे दिया जाए कि वह सिर्फ़ और सिर्फ़ NCERT की किताबों से ही पढ़ाई करवाएंगे, तो ऐसा कानून एक मज़ाक बनकर ही रह जाएगा क्योंकि NCERT स्वयं में एक सरकारी संस्था है और कोई भी सरकार ऐसा कोई कानून नहीं ला सकती जिसमें सामान्य जनता को बाध्य किया जाए की वह सिर्फ़ सरकारी संस्था द्वारा बनाया गया प्रोडक्ट

ही खरीदेगी । यह तो कुछ ऐसा ही हुआ कि सरकार खाने में प्रयोग किए जाने वाले मसालों को बनाने की कोई सरकारी संस्था को स्थापित करें और जनता को यह आदेश दे दिया जाए कि आज से आप खाने में सिर्फ हमारे द्वारा बनाए गए सरकारी मसालों का ही प्रयोग करेंगे। यह सचमुच एक मज़ाक ही कहा जाएगा।

        मैं इस अध्याय में एक ऐसे प्रकार के कानून को बनाए जाने का जिक्र कर रहा हूं जिसमें कोई भी लूप होल या कमजोरी ना हो, जिसका लाभ प्राइवेट संस्थाएं उठा ले जाएं। मैं चाहता हूं कि सरकार और जनता NCERT की किताबों को ही लगाए जाने की बाध्यता या कानून के पीछे भागे ही मत। क्योंकि अपने पिछले एक अध्याय में मैं यह स्पष्ट कर चुका हूं कि एनसीईआरटी की किताबों और कोर्स में क्या-क्या कमियां पाई जाती हैं।

        मेरा मानना है कि सरकार प्राइवेट पुस्तकों को छापने वाली पब्लिशिंग कंपनियां और उनके पब्लिशर्स के ऊपर एक कानून लेकर आए। इस कानून के तहत सरकार प्राइवेट पब्लिकेशन वाली कंपनियों को एक कानून बनाकर यह निर्देशित करेगी कि वह प्राइवेट स्कूलों में लगने वाली किताबों को एक खास कीमत से ऊपर बेच ही नहीं सकतीं।

        जी हां। सरकारों को एक कानून बनना चाहिए जिसके तहत हर कक्षा के अलग-अलग सब्जेक्ट की अलग-अलग किताबों की कीमत फिक्स कर दी जाए। यदि प्राइवेट पब्लिशर्स एनसीईआरटी के मुकाबले थोड़े ज्यादा रुपए भी ले लेते हैं तब भी अभिभावकों को किताबें खरीदने में ज्यादा दिक्कत का सामना नहीं करना पड़ेगा। इस वक्त तो एनसीईआरटी और प्राइवेट पब्लिकेशन की किताबों के रेट में कई मामलों में तो 10 गुना से भी ज़्यादा तक का फर्क पहुंच चुका है। सरकारों को चाहिए कि वह प्राइवेट पब्लिकेशंस को खुली छूट दे दे कि वह प्राइवेट स्कूलों को अपनी किताबें बेच सकती है किंतु उन

किताबों की MRP सरकार स्वयं तय करे।

इसी प्रकार से सरकार दूसरा कानून कुछ ऐसा बनाएं जिससे किताबों की गुणवत्ता बरकरार रह सके। किताबों की क्वालिटी को मेंटेन करने के लिए उसमें लगने वाले पेपर के GSM स्टैंडर्ड को भी सरकारों द्वारा कानूनी रूप से ही सेट किया जाए। जीएसएम स्टैंडर्ड को सेट करने के बाद किताबों का वजन भी अंडर कंट्रोल रहेगा, जिससे छोटे बच्चों के स्कूली बैग का वजन भी काफी हद तक कम हो जाएगा और हमारे बच्चों की पीठ को भी थोड़ा आराम मिल जाएगा।

इसके अलावा तीसरा कानून यह भी बनाया जाए कि जब तक सरकार आदेश न करें, तब तक कोई भी प्राइवेट स्कूल एवं प्राइवेट किताबों को छापने वाली पब्लिशिंग कंपनियां हर साल कोर्स को ना बदल सकें। आप में से लगभग हर कोई यह बात जानता ही होगा कि किस प्रकार कई प्राइवेट स्कूल हर साल या हर दूसरे साल अपने यहां शिक्षण कार्य में प्रयोग की जाने वाली किताबों को बदल डालते हैं ताकि और भी नई महंगी किताबें लगाई जा सके, जिससे और अधिक मोटा कमीशन पैदा किया जा सके। सरकारों को एक कानून बनाकर इस प्रकार की घटिया हरकत पर भी रोक लगानी चाहिए।

चौथा कानून सरकार को यह बनाना चाहिए कि शिक्षण कार्य में प्रयोग की जाने वाली किताबों में से कोई भी वर्क बुक नहीं होनी चाहिए। वर्कबुक एक ऐसी पुस्तक को कहते हैं जिसमें हर अध्याय में दिए गए रिक्त स्थानों को पेंसिल या पेन से भरा जाता है। ऐसी वर्क बुक मात्र एक शैक्षिक सत्र में ही प्रयोग में लाई जा सकती है जिसकी वजह से यह पुस्तक दोबारा किसी छात्र के प्रयोग में लाने लायक नहीं रह जाती। इससे नुकसान यह होता है कि ऐसी वर्क बुक इस्तेमाल करने वाला छात्र अपनी बुक दूसरे छात्र को दान नहीं कर सकता क्योंकि वह उसके काम की ही नहीं रह जाती हैं। सरकार यदि वर्क बुक की छपाई पर पूर्ण रूप से प्रतिबंध लगा देती है और हर साल नई किताबों को लागू करने पर भी

प्रतिबंध लगा देती है तो एक शैक्षिक सत्र में इस्तेमाल की जाने वाली पुस्तकों को दूसरे छात्रों को भी दान में दिया जा सकता है, जिसके कारण उन्हें नई कक्षा में आने पर बाहर से किताबें खरीदने की कोई आवश्यकता ही नहीं होगी। छात्र सिर्फ तभी पुस्तक खरीदेगा जब वह काफी अधिक पुरानी हो जाएगी या कुछ फट चुकी होंगी।

इस प्रकार के कानून बनाए जाने के बाद इसे न मानने पर दण्ड का उचित प्रावधान होना चाहिए। यहां कुछ लोगों को शायद यह लग सकता है कि ऐसे कानून बनाकर सरकार प्राइवेट संस्थानों के अधिकारों का हनन कर रही है किंतु मैं इसके जवाब में यह स्पष्ट कह देना चाहता हूं की स्कूल एक नॉन प्रॉफिट ऑर्गेनाइजे़शन होता है और वह फीस के अलावा किसी और प्रकार से छात्रों के अभिभावकों से धन उगाही नहीं कर सकता है और ना ही किताबों को बेचकर प्रॉफिट पैदा कर सकता है। यह कानूनन जुर्म है इसलिए यदि इस लूट के खिलाफ कोई कानून बनाया भी जाता है तो यह किसी भी प्रकार से अधिकारों का हनन नहीं माना जाएगा। एक बात हम लोगों को सदैव ध्यान में रखनी चाहिए की किताबें कभी भी महंगी नहीं होती हैं। किताबों को महंगा उन पर लगने वाला कमीशन उन्हें बनाता है। और यह कमीशन पुस्तकों को छापने वाले प्राइवेट पब्लिशर्स का कम बल्कि प्राइवेट स्कूल के मालिकों का ज़्यादा होता है इसलिए इस कानून के बनने के बाद भी प्राइवेट पब्लिशर्स को कोई ज़्यादा फर्क नहीं पड़ने वाला। वह आसानी से अपना व्यापार जारी रख सकते हैं। हमें दिक्कत प्रकाशकों और दुकानदारों से नहीं बल्कि प्राइवेट स्कूल के मालिकों से है जो ज़्यादा लालच के चक्कर में प्रकाशकों से ज्यादा कमीशन की माँग करते हैं, जिसका बोझ अभिभावकों को उठाना पड़ता है।

इन सब कानूनों को लागू करवाने के लिए मैं सर्वप्रथम इस यात्रा की शुरुआत माननीय सुप्रीम कोर्ट में PIL फाइल करने से करूंगा।

अब मैं यहां संक्षेप में समझाने की कोशिश करूंगा कि मेरा यह ''फिक्स रेट फॉर्मूला'' (Fix Rate Formula) किस प्रकार प्राइवेट किताबों की कमीशनखोरी से भारत को हमेशा हमेशा के लिए मुक्ति दिलवा सकता है।

इस **''फिक्स रेट फॉर्मूला''** के अंतर्गत कोर्ट और सरकार एक ऐसे कानून को बनाने में अपनी भूमिका निभाए, जिसके तहत किताबों के पन्नों की गिनती के आधार पर उसका मिनिमम रेट तय किया जा सके। इस कानून के तहत किताबों के कागज़ का GSM भी फिक्स किया जाना चाहिए। एक उदाहरण के तौर पर NCERT की करीब 125 पन्नों की पुस्तक, जिसमें पन्नों का साइज भी बड़ा होता है, की MRP Rs 65 के करीब होती है, और इस पुस्तक में 80 GSM का कागज़ प्रयोग में लाया जाता है। वहीं दूसरी ओर इसी प्रकार की प्राइवेट प्रकाशकों की पुस्तक स्कूलों के कमीशन के कारण इससे कई गुना महंगी बेची जाती हैं। ''फिक्स रेट फॉर्मूला'' के अंतर्गत पन्नों के आधार पर किताबों का रेट फिक्स किया जाना चाहिए। इसके बाद हर स्कूल को स्वतंत्र कर देना चाहिए कि वह चाहें तो किसी भी प्रकाशक की किताबें प्रयोग में ले सकते हैं बशर्ते वह किताबें NCERT द्वारा सुझाए गए curriculum पर आधारित हो।

यहां कुछ लोगों को यह लग सकता है की प्राइवेट स्कूल वाले ऐसा कानून आने के बाद कोर्स के सैट में किताबें की गिनती को और ज्यादा बढ़ा देंगे ताकि उन्हें पहले जितना ही कमीशन प्राप्त हो सके। लेकिन वह ऐसा नहीं कर पाएंगे। ''स्कूल बैग पॉलिसी 2020'' के अनुसार, छात्र के स्कूल के बैग का वज़न, उस छात्र के कुल शरीर के वजन का 10% से ज़्यादा नहीं होना चाहिए। इस पॉलिसी के कारण प्राइवेट स्कूल वाले चाह कर भी किताबों की संख्या नहीं बढ़ा सकते क्योंकि इससे सैट का वजन बहुत अधिक बढ़ जाएगा, और यह इस

पॉलिसी की नियमावली का उल्लंघन है।

काफी रिसर्च करने के बाद ही मैं इस नतीजे पर पहुंचा कि यह "**फिक्स रेट फॉर्मूला**" (Fix Rate Formula) ही इस काले भ्रष्टाचार का नाश कर सकता है, वरना भारत के अभिभावक दशकों तक इस मकड़जाल से बाहर नहीं निकल पाएंगे।

HEIGHT / WEIGHT CHART

Average Height and Weight of Boys at Different Ages

AGE	WEIGHT (kg)	HEIGHT (cm)
Birth	3.3	50.5
3 Months	6.0	61.1
6 Months	7.8	67.8
9 Months	9.2	72.3
1 Year	10.2	76.1
2 Years	12.3	85.6
3 Years	14.6	94.9
4 Years	16.7	102.9
5 Years	18.7	109.9
6 Years	20.7	116.1
7 Years	22.9	121.7
8 Years	25.3	127.0
9 Years	28.1	132.2
10 Years	31.4	137.5
11 Years	32.2	140.0
12 Years	37.0	147.0
13 Years	40.9	153.0
14 Years	47.0	160.0
15 Years	52.6	166.0
16 Years	58.0	171.0
17 Years	62.7	175.0
18 Years	65.0	177.0

Average Height and Weight of Girls at Different Ages

AGE	WEIGHT (kg)	HEIGHT (cm)
Birth	3.2	49.9
3 Months	5.4	60.2
6 Months	7.2	66.6
9 Months	8.6	71.1
1 Year	9.5	75.0
2 Years	11.8	84.5
3 Years	14.1	93.9
4 Years	16.0	101.6
5 Years	17.7	108.4
6 Years	19.5	114.6
7 Years	21.8	120.6
8 Years	24.8	126.4
9 Years	28.5	132.2
10 Years	32.5	138.3
11 Years	33.7	142.0
12 Years	38.7	148.0
13 Years	44.0	150.0
14 Years	48.0	155.0
15 Years	51.5	161.0
16 Years	53.0	162.0
17 Years	54.0	163.0
18 Years	54.4	164.0

(Source : Nutrient Requirement and Recommended Dietary Allowances for Indians, I.C.M.R. 1990)

Height & Weight Pattern in the Growing Baby Expected weight gain

टीप : तक्रार निवारण केंद्र टोल फ्री क्रमांक १८००२३३१९८८

(8)

इन कानूनों और अधिकारों में बाधा बनता है यह भ्रष्टाचार।

प्राइवेट स्कूलों के प्रबंधक कई दशकों से यही कहते आ रहे हैं कि हम प्राइवेट पुस्तकों को बेचकर ना तो किसी भी प्रकार के कानून का उल्लंघन कर रहे हैं और ना ही ऐसा करने से किसी के अधिकारों का हनन हो रहा है। सतही तौर पर देखा जाए तो लगता है जैसे इसमें कुछ भी गलत नहीं हो रहा है लेकिन जब हम गहनता से इस पर विचार करते हैं तो प्राइवेट पुस्तकों को बेचने के इस काले भ्रष्टाचार के अन्य पहलू भी सामने आने शुरू हो जाते हैं। आईये इन पहलुओं को बारीकी से समझने की कोशिश करते हैं :

1). सरकार द्वारा निर्धारित किए गए शिक्षा का अधिकार नियमों के तहत हर प्राइवेट स्कूल को RTE के अंतर्गत कुछ ऐसे गरीब परिवार के छात्रों को भी एडमिशन देना पड़ता है जो प्राइवेट स्कूल की महंगी फीस देने में असमर्थ हैं। किंतु अच्छी शिक्षा के अधिकार के तहत उन्हें महंगे प्राइवेट स्कूलों में पढ़ने का मौका दिया जाता है तथा इन गरीब छात्रों की फीस सरकार द्वारा स्कूलों को दी जाती है।

यह वही महंगे प्राइवेट स्कूल होते हैं जिनमें शिक्षण कार्य के लिए प्राइवेट प्रकाशकों की महंगी किताबें का प्रयोग किया जाता है। जो गरीब परिवारों के छात्र इन स्कूलों में पढ़ने के लिए भेजे जाते हैं, उनकी ट्यूशन फीस तो सरकार द्वारा दे दी जाती है, किंतु किताबें उन्हें अपने स्तर से ही खरीदनी पड़ती हैं। ऐसा करने के लिए उन छात्रों के गरीब माँ–बाप या तो किसी व्यक्ति से ब्याज पर पैसे उधार लेते हैं या अपने घर की कोई वस्तु बेंच देते हैं। यह उन्हे हर साल करना पड़ता है और यही वह मुख्य कारण है जिसकी वजह से बच्चे का मंहगे प्राइवेट

स्कूल में दाखिला होने के बावजूद, कई बार उसके माँ–बाप ना चाहते हुए भी बच्चे का नाम उस प्राइवेट स्कूल से कटवा देते हैं और बच्चे का किसी सरकारी स्कूल में दाखिला करवा देते हैं अब आप स्वयं विचार कीजिए की क्या ये RTE के छात्र महंगी किताबों का खर्चा हर साल वहन कर पाएंगे ? क्या स्कूलों में महंगी प्राइवेट किताबों को लागू किया जाना इन RTE के छात्रों के अधिकारों का हनन नहीं है ?

2). यह बात तो भारत का हर एक नागरिक जानता है कि प्राइवेट स्कूल कुछ किताबें ही NCERT की प्रयोग करते हैं तथा बाकी ढेर सारी किताबें महंगे प्राइवेट प्रकाशकों की ही अपने यहां लागू करवाते हैं फिर चाहे वह स्वयं इन किताबों को बेचते हों या अभिभावकों को शहर की किसी दुकान से खरीदने के लिए कहते हों।

NCERT की किताबों को यदि देखा जाए तो उनकी कई किताबें जो आकार में भी बड़ी हैं और पन्नों में भी अधिक हैं, उसके बावजूद वह मात्र रू0 6 5 में उपलब्ध हो जाती हैं। जबकि प्राइवेट प्रकाशकों की किताबें छोटी होने के बावजूद इससे कई गुना महंगी पड़ती हैं। इससे यह साफ ज़ाहिर होता है की इन महंगी किताबों के पीछे स्कूल प्रबंधकों का मोटा कमीशन छुपा होता है। इसे स्पष्ट रूप से स्कूलों द्वारा नाजायज़ तरीके से लाभ कमाना ही कहा जाएगा।

जबकि सीबीएसई के एफीलिएशन बाय लाज़ के रूल नंबर 1 9 .1 (ii) में स्पष्ट रूप से लिखा हुआ है ::

Rule 19-1 (ii) of CBSE Affiliation Bye-Laws mandates that the society/Trust/Company registered under section 25 of the Companies Act, 1956 shall ensure that the school is run as a community service and not as a business and that commercialization does not take place in the school in any shape whatsoever.

(हिंदी अनुवाद :-

CBSE संबद्धता उपनियमों के नियम 19.1(ii) के अनुसार, सोसाइटी/ट्रस्ट/कंपनी, जो कंपनी अधिनियम, 1956 की धारा 25 के तहत पंजीकृत है, यह सुनिश्चित करेगी कि स्कूल को एक सामुदायिक सेवा के रूप में चलाया जाए न कि एक व्यवसाय के रूप में, और किसी भी रूप में स्कूल में व्यावसायीकरण न होने पाए।)

सत्य तो यह है कि स्कूल सिर्फ़ एक गैर लाभकारी संस्था के अन्तर्गत ही कार्य कर सकता है। अब आप स्वयं विचार कीजिए कि स्कूलों द्वारा खुले आम प्राइवेट प्रकाशकों की महंगी किताबें बेचकर क्या कानून का उल्लंघन नहीं किया जा रहा है ?

3). RTE Rules, 2010 के रूल नंबर 15 (b) मैं स्पष्ट उल्लेख किया गया है कि :–

The school is not run for profit to any individual, group or association of individuals or any other persons.

(हिंदी अनुवाद:-

स्कूल किसी व्यक्ति, समूह, संघ या अन्य व्यक्तियों के लिए लाभ कमाने के उद्देश्य से नहीं चलाया जाता है।)

स्कूल सिर्फ शिक्षा प्रदान करने के उद्देश्य से ही चलाया जा सकता है ना कि लाभ कमाने के उद्देश्य से। किंतु जैसा की हम स्पष्ट रूप से समझ सकते हैं की प्राइवेट स्कूलों द्वारा किस प्रकार किताबें बेचकर लाभ कमाया जा रहा है जो कि किसी भी दृष्टि से सही नहीं कहा जा सकता। क्या आपको नहीं लगता कि प्राइवेट स्कूल इस रूल का भी उल्लंघन कर रहे हैं ?

4). प्राइवेट स्कूल वाले कमीशन के लालच में, सपोर्टिंग बुक व रेफरेंस बुक के नाम पर बच्चों के सेट में कई प्रकार की किताबें जोड़ देते हैं, जिससे प्रत्येक सैट में किताबों की संख्या ज़रूरत से ज़्यादा हो जाती है।

ऐसा करने से न सिर्फ़ सैट की कीमत में बढ़ोतरी हो जाती है बल्कि सैट का वजन भी बहुत ज़्यादा बढ़ जाता है जिसे बच्चे को ही अपने बैग में ढोना पड़ता है।

स्कूली बैग का बढ़ता वज़न स्कूली बच्चों की हड्डियों पर अनावश्यक दबाव डालता है जिससे उन्हें आने वाले वर्षों में कई प्रकार की शारीरिक समस्याओं का सामना करना पड़ सकता है। आपको जानकर हैरानी होगी कि सरकार द्वारा इसके संबंध में भी एक गाइडलाइन जारी की गई थी।

स्कूल बैग पॉलिसी 2020 (School Bag Policy 2020) के पार्ट 3 (1) में उल्लेख किया गया है कि :–

The schoolbags should not weigh more than 10% of the total body weight of the students.

(हिंदी अनुवाद :–

स्कूली बैग का वजन छात्रों के कुल शरीर के वजन का 10% से अधिक नहीं होना चाहिए।)

अब आप स्वयं सोच कर बताइए कि क्या कमीशन के लालच में किताबों के सैट के वज़न को भारी कर देना सिर्फ़ सरकारी निर्देशों के अवहेलना ही है ? क्या ये बच्चों की सेहत के साथ भी खिलवाड़ नहीं है ?

5). CBSE के एक बहुत अहम सर्कुलर (NO. CBSE/AFF/CIRCULAR/16a/2017) के पॉइंट नंबर 3 में, CBSE ने प्राइवेट स्कूल वालों को एक बहुत अहम गाइडलाइन जारी की थी। इसमें एक हिस्से में स्पष्ट रूप से कहा गया था कि :–

The schools can open small outlets for supply of only NCERT books and shall not sell books of any other publishers. It may be noted that selling books other than NCERT books in these shops, will be considered a violation of this circular, and will attract action against the school.

(हिंदी अनुवादः-

स्कूल केवल NCERT की किताबों की आपूर्ति के लिए छोटे आउटलेट खोल सकते हैं और किसी अन्य प्रकाशक की किताबें नहीं बेच सकते हैं। यह ध्यान दिया जाना चाहिए कि इन दुकानों में NCERT की किताबों के अलावा अन्य किताबें बेचना इस सर्कुलर का उल्लंघन माना जाएगा, और इसके खिलाफ स्कूल पर कार्रवाई की जाएगी।)

जैसा की आप ऊपर दिए हुए सर्कुलर की भाषा से आसानी से समझ सकते हैं की CBSE ने स्कूलों पर NCERT के अलावा किसी भी अन्य प्राइवेट पब्लिशर्स की किताबों को बेचने पर प्रतिबंध लगा रखा है। हालांकि यह सर्कुलर स्कूलों के अंदर बने हुए आउटलेट के संबंध में दिया गया था किंतु आप स्वयं विचार करके बताइए की स्कूल के अंदर शिक्षण कार्य के लिए प्रयोग की जाने वाली जो प्राइवेट प्रकाशकों की पुस्तकें स्कूल के अंदर देना ही प्रतिबंधित है, उन्हीं पुस्तकों को स्कूल के बाहर से छात्रों को देना कैसे जायज़ ठहराया जा सकता है जो कि आखिरकार स्कूल की कक्षाओं के अंदर ही प्रयोग में लाई जानी हैं ? क्या यह CBSE के एक अहम सर्कुलर का खुला उल्लंघन नहीं है ?

6. CBSE तो सदैव स्कूली छात्रों को बेहतरीन शिक्षा प्रदान करने के लिए प्रयासरत रहती है। इस कार्य के लिए CBSE की मुक्त कंठ से जितनी प्रशंसा की जाए वह कम ही है। CBSE द्वारा समय-समय पर शिक्षा के स्तर को और ऊंचा ले जाने के लिए महत्त्वपूर्ण दिशा निर्देश जारी किए जाते रहे हैं। किंतु प्राइवेट स्कूलों के प्रबंधक उन महत्वपूर्ण दिशा निर्देशों में भी एक चोर रास्ता ढूंढ ही लेते हैं। इसका एक ताज़ा उदाहरण आपके सामने प्रस्तुत है।

इसी वर्ष 12-8-2024 को सीबीएसई द्वारा एक सर्कुलर(No. CBSE/Aff./Circular/2024/00976) जारी किया गया। इस सर्कुलर में

एफीलिएशन बाय लॉज़ 2018 के चैप्टर 2 के क्लॉज 2.4.7 में एक अमेंडमेंट प्रपोज़्ड किया गया, जिसमें उल्लेख किया गया है कि :–
Schools are strongly advised to follow NCERT/SCERT text books. Schools may use supplementary material as per their requirement which must be aligned with the NCF-FS and NCF-SE. Such chosen supplementary material must aim to contain the essential core material.

(हिन्दी अनुवादः– स्कूलों को दृढ़ता से सलाह दी जाती है कि वे NCERT/SCERT की पाठ्यपुस्तकों का पालन करें। स्कूल अपनी आवश्यकतानुसार पूरक सामग्री का उपयोग कर सकते हैं, जो NCF-FS और NCF-SE के अनुरूप होनी चाहिए। चुनी गई पूरक सामग्री में आवश्यक मुख्य सामग्री शामिल होना चाहिए।)

जिस सर्कुलर को CBSE ने स्कूली छात्रों की भलाई के लिए जारी किया था, उसे ही आधार बनाकर अब स्कूल वाले फिर से मनमानी शुरू कर देंगे। यदि आप ध्यान से देखें तो CBSE ने उपरोक्त सर्कुलर में स्कूली छात्रों को बेहतर प्रदान करने के लिए, स्कूलों को, NCERT की किताबों के साथ–साथ supplementary material या पूरक सामग्री को लगाने की छूट दी है। इसी सप्लीमेंट्री सामग्री लगाने की छूट को आधार बनाकर प्राइवेट स्कूल वाले रेफरेंस बुक और सपोर्टिव बुक के नाम पर फिर से महंगी प्राइवेट प्रकाशकों की किताबें लगना शुरू कर देते हैं और यह भ्रष्टाचार बदस्तूर यूं ही जारी रहता है।

इसीलिए मैंने अपने पिछले अध्याय में एक ऐसे कानून को बनाने का ज़िक्र किया था, जिसके तहत प्राइवेट प्रकाशकों की किताबों की MRP और सैट की किताबों की गिनती को फिक्स कर दिया जाए ताकि प्राइवेट स्कूल वाले किसी भी प्रकाशक की किताबें तो लगा लें पर वह सैट कभी भी महंगा नहीं हो पाएगा। यह कानून ही इन समस्त समस्याओं का एकमात्र समाधान है।

(9)
कुछ सुझाव।

शिक्षा किसी भी राष्ट्र के निर्माण में महत्वपूर्ण भूमिका निभाती है। हमारा भारत भी इस प्रक्रिया से अछूता नहीं है। वर्तमान समय में रोजगार और नित्य नहीं वैश्विक चुनौतियों को देखते हुए भारतीय स्कूलों में पढ़ाई जाने वाली किताबों में सुधार की अत्यंत आवश्यकता जान पड़ती है।

हमारी आने वाली पीढ़ी के अभिभावकों के लिए यह भी एक चिंतनीय प्रश्न होना चाहिए कि हम आज के युग में बच्चों को किस प्रकार की शिक्षा ग्रहण करवाऐं। आज हम बच्चों के सार्वभौमिक विकास की बात करते हैं पर क्या बच्चों का यह विकास सचमुच में हो पता है ?

शिक्षा केवल किताबी ज्ञान तक सीमित नहीं होनी चाहिए। यह आवश्यक है कि शिक्षा प्रणाली व्यापक हो और छात्रों को विभिन्न विषयों की समझ दे। विज्ञान, गणित, साहित्य, इतिहास, और कला के साथ-साथ विद्यार्थियों को समाजशास्त्र, दर्शन, और नैतिकता का भी ज्ञान होना चाहिए। इससे उनकी सोचने की क्षमता और समस्या-समाधान कौशल विकसित होंगे।

शिक्षा का एक महत्वपूर्ण पहलू यह भी है कि वह व्यावहारिक हो। विद्यार्थी जो कुछ सीखते हैं, उसे वे वास्तविक जीवन में लागू कर सकें। इसके लिए आवश्यक है कि शिक्षा प्रणाली में प्रायोगिक कार्य, परियोजनाएँ, और इंटर्नशिप शामिल हों। इससे छात्रों को वास्तविक दुनिया का अनुभव मिलता है और वे अपने ज्ञान का सही उपयोग करना सीखते हैं।

आज की शिक्षा प्रणाली में नैतिक और सामाजिक

शिक्षा का महत्व भी उतना ही है। विद्यार्थियों को अच्छे और बुरे का फर्क समझना आना चाहिए। उन्हें ईमानदारी, सहानुभूति, सहयोग, और सामाजिक ज़िम्मेदारी जैसे गुणों की शिक्षा दी जानी चाहिए। इससे वे न केवल अच्छे नागरिक बनेंगे, बल्कि समाज के विकास में भी योगदान देंगे।

शिक्षा का एक उद्देश्य विद्यार्थियों के व्यक्तिगत विकास को बढ़ावा देना भी होना चाहिए। इसका मतलब है कि उन्हें अपने रुचियों और क्षमताओं के अनुसार शिक्षा प्राप्त करने का अवसर मिलना चाहिए। इसके लिए शिक्षा प्रणाली को लचीला और विविधतापूर्ण होना चाहिए ताकि हर विद्यार्थी अपने तरीके से सीख सके और अपनी पहचान बना सके।

जैसा कि आजकल हम देखते हैं की बचपन में ही बच्चों के अंदर धार्मिक भेदभाव या जातिगत भेदभाव आना शुरू हो जाता है। मेरी नजर में बच्चों के मन मस्तिष्क को नुकसान पहुंचाने वाली इसे बुरी चीज़ और कोई हो ही नहीं सकती। शिक्षा तो ऐसी होनी चाहिए जिससे बच्चों के मन में परस्पर प्रेम भाव जागे व वह सभी धर्मो व जातीयों को समान भाव से आदर देना सीख सकें।

शिक्षा का एक महत्वपूर्ण पहलू यह भी है कि वह छात्रों में नवीनता और रचनात्मकता को प्रोत्साहित करे। विद्यार्थियों को सोचने, प्रश्न पूछने, और नये विचारों को अपनाने के लिए प्रेरित किया जाना चाहिए। इससे वे न केवल अपनी कल्पना शक्ति को बढ़ा पाएंगे, बल्कि नए–नए आविष्कार और खोज भी कर सकेंगे।

शिक्षा का वातावरण भी स्वस्थ और प्रेरणादायक होना चाहिए। स्कूलों और कॉलेजों में ऐसा माहौल होना चाहिए जहां विद्यार्थी सुरक्षित, सम्मानित, और प्रेरित महसूस करें। शिक्षक और विद्यार्थी के बीच अच्छे संबंध होने चाहिए, जिससे सीखने की प्रक्रिया अधिक

प्रभावी हो सके।

यहां मैं एक बात और जोड़ना जरूरी समझता हूं। सीखने का कार्य सिर्फ विद्यार्थियों का ही नहीं बल्कि शिक्षकों का भी होना चाहिए। मुझे बचपन में सुनी हुई एक बहुत सुंदर छोटी सी कहानी याद आती है। एक कक्षा में शिक्षक ने सभी विद्यार्थियों को एक–एक कर खड़ा करके यह प्रश्न पूछा कि वह विद्यार्थी बड़े होकर क्या बनना चाहते हैं। इनमें से एक विद्यार्थी, जिसका नाम राहुल था, ने कहा कि मैं बड़े होकर शिक्षक बनना चाहता हूं। उस कक्षा के शिक्षक के लिए यह बहुत ही हैरान कर देने वाला जवाब था क्योंकि आज तक किसी भी बच्चे ने बड़े होकर शिक्षक बनने की बात नहीं कही थी। उस शिक्षक को यह लगा कि यह छात्र जीवन में कुछ अलग कर सकता है लेकिन वह उसके मन से कुछ वहम भी निकाल देना चाहते थे।

उस शिक्षक ने राहुल से कहा कि मुझे नहीं लगता तुम बड़े होकर एक काबिल शिक्षक बन पाओगे लेकिन इस कक्षा का ही एक अन्य छात्र, जिसका नाम सुरेश है, वह जरूर बड़ा होकर एक अच्छा शिक्षक बन सकता है। राहुल ने कहा कि आप मेरी परीक्षा लीजिए ताकि मैं यह साबित कर सकूं कि मैं एक बेहतरीन शिक्षक बन सकता हूं। शिक्षक ने कहा,''ठीक है राहुल। तुम एक काम करो। हमारे स्कूल के बाहर एक कुम्हार रहता है, जो चाक पर मिट्टी के बर्तन बनाता है। उसका एक 10 वर्ष का बेटा भी है। मैं चाहता हूं कि स्कूल की छुट्टी होने के बाद तुम रोज़ उसके बेटे के पास जाओ और उसे कुछ पढ़ाई लिखाई करना सिखाओ और एक महीने बाद मुझे जाकर उसकी रिपोर्ट दो कि आखिर वह लड़का कितना सीख सका ।

राहुल ने जैसे शिक्षक द्वारा कही गई इस बात को अपना लक्ष्य बना लिया। अब रोज़ाना राहुल छुट्टी के बाद उस कुमार के बेटे को पढ़ाई करवाने जाता था। धीरे–धीरे एक महीना व्यतीत हो

गया। महीना बीत जाने के बाद उस शिक्षक ने राहुल को बुलाया और कहा कि, ''बताओ राहुल, वह कुम्हार का बेटा कितना पढ़ लिख पाया है ?'' राहुल मायूस होकर अपना सर झुका लेता है और शिक्षक से कहता है कि मैंने उस बच्चे को पढ़ाने की बहुत कोशिश की परंतु हर थोड़ी देर बाद उसका पिता अपने बेटे को बुलाकर अपने मिट्टी के बर्तन बनाने के काम में लगा लेता था। कभी उससे कहता था की मिट्टी गीली करो और कभी कहता था कि इन बन चुके बर्तनों को धूप में ले जाकर रख दो। मैं उस बच्चे को इसलिए पढ़ाई नहीं करवा पाया क्योंकि उस बच्चे का ध्यान पढ़ाई पर केंद्रित ही नहीं हो पा रहा। क्योंकि उसका पिता उसे बार-बार अपने पास बुला लेता था।

शिक्षक ने कहा,''देखा राहुल। मैं तुमसे कहता था ना की सुरेश एक अच्छा शिक्षक बन सकता है। मैंने दो माह पहले सुरेश को भी उसी कुम्हार के बच्चे को पढ़ाने लिखाने भेजा था।'' राहुल बहुत हैरान हुआ और उसने शिक्षक से पूछा की,''सर, पर सुरेश भी तो उस बच्चे को पढ़ना लिखना नहीं सिखा पाया, फिर वह बेहतर शिक्षक कैसे बन सकता है ?'' तब उस शिक्षक ने राहुल को जो जवाब दिया, वह बहुत ही ध्यान देने योग्य है। शिक्षक ने राहुल से कहा ''तुम बिल्कुल ठीक कहते हो। सुरेश भी उस कुम्हार के बेटे को पढ़ना लिखना नहीं सिखा पाया क्योंकि कुम्हार अपने बेटे को पढ़ने का समय ही नहीं देता था। किंतु उस एक माह में सुरेश उस कुम्हार से मिट्टी का बर्तन बनाना जरूर सीख गया था। एक शिक्षक का कार्य सिर्फ सिखाना ही नहीं बल्कि जीवन भर सीखते रहना भी होना चाहिए।''

यह छोटी सी कहानी हमें शिक्षा के क्षेत्र में काफी कुछ सिखाती है। मनुष्य जीवन भर सीखता ही रहता है। किंतु यदि हम चाहें तो बच्चों को बहुत कम उम्र में ही काफी कुछ सीख सकते हैं, जिससे वह अपने साथ-साथ समाज को भी सकारात्मक योगदान दे सकते हैं

और उसका भला कर सकते हैं। अब मैं काफी संक्षेप में शिक्षा के क्षेत्र में कुछ बदलाव लाने का सुझाव देना चाहता हूं।

:: कक्षा में पढ़ाई जाने वाले चैप्टर छोटे एवं कम से कम शब्दों में पूर्ण होने वाले होने चाहिए। इससे पुस्तक की छपाई में कम पन्नों का प्रयोग होगा और पुस्तक की कीमत के साथ–साथ उसका वजन भी काम हो जाएगा। उस संक्षिप्त चैप्टर को विस्तृत रूप से पढ़ाने की जिम्मेदारी शिक्षक की होनी चाहिए।

:: शिक्षा ऐसी होनी चाहिए जो बच्चों को प्रेक्टिकल वोकेशनल ट्रेनिंग दे सके। इस कक्षा में बच्चों को वेल्डिंग, कारपेंटरी ,पेंटिंग, प्लमिंग आदि की ट्रेनिंग दी जानी चाहिए। और इस प्रकार की ट्रेनिंग आगे आने वाली पढ़ाई तक जारी देनी चाहिए। इसी को स्किलफुल लर्निंग कहते हैं । इसके दो बहुत बड़े फायदे होंगे। पहला फायदा तो यह कि बच्चा यदि चाहे तो इनमें से किसी एक को अपना पसंदीदा कोर्स बनाकर, अपनी आगे की पढ़ाई जारी रख सकता है और भविष्य में इसे अपना मूल व्यवसाय बहुत आसानी के साथ बना सकता है। और दूसरा फायदा यह है कि आज के युग में भारत के अंदर जहां इस प्रकार के कार्यो को बहुत छोटी नज़र से देखा जाता है, उसे जब हर बच्चा सीखेगा तो भविष्य में समाज में रहने वाले लोगों में इन कार्यो के प्रति धारणाएं भी बदलेंगी और इन कार्यो को करने वाले लोगों को भी सम्मानजनक दृष्टि से देखा जाएगा।

:: शिक्षा खुशनुमा होनी चाहिए ना की दुख भरी। हम अपने बच्चों से यह तो प्रश्न पूछते हैं कि तुम्हारे कक्षा में कितने नंबर आए किंतु क्या हम कभी अपने बच्चों से यह प्रश्न करते हैं कि क्या वह अपनी पढ़ाई से खुश हैं ? खुशनुमा शिक्षा के कारण ही कक्षा का माहौल खुशनुमा हो पाएगा और ऐसे माहौल में ही बच्चे ज़्यादा से ज़्यादा सीखने की कोशिश करते हैं।
:: पढ़ाई में कुछ ऐसे चैप्टर को भी पढ़ाना चाहिए जिससे बच्चों में राष्ट्र प्रेम

की भावना जागृत हो सके। शिक्षा ऐसी भी होनी चाहिए जिसमें बच्चों का ध्यान राष्ट्र के प्रति अपने कर्तव्यों पर लाया जा सके । बच्चों के मन में यदि राष्ट्र के लिए प्रेम नहीं होगा, तो कई बच्चे ऐसे भी होते हैं, जो उच्च शिक्षा प्राप्त करके विदेशों में नौकरी करने चले जाते हैं, जिससे उनके ज्ञान का लाभ विदेशों को पहुंच जाता है, जिसका असली हकदार भारत था। इसी को ''ब्रेनड्रेन'' कहा जाता है।

:: कक्षा में पढ़ने वाले बच्चों को संविधान के महत्वपूर्ण पहलुओं व कुछ मुख्य कानूनों के बारे में भी जानकारी देना अत्यंत आवश्यक है।

:: कुछ ऐसे चैप्टर भी होने चाहिए जिसमें नशे के दुष्प्रभावों के बारे में बच्चों को बताया जा सके ताकि हमारी आने वाली युवा पीढ़ी किसी भी प्रकार के नशे से घृणा करना सीखे ।

:: समाज में महिलाओं पर होने वाले अत्याचारों के खिलाफ जागरूक करने वाले चैप्टर भी होने चाहिए।

:: ऐसे चैप्टर भी होने चाहिए जो बच्चों के अंदर पर्यावरण के प्रति अपार प्रेम जागृत कर सकें। इसमें बच्चों को पेड़ों के नाजायज़ कटान के खिलाफ व नए वृक्षारोपण के प्रति जागरूक बनाना चाहिए।

:: जल को फिजूल जाया न करने व उसे बचाने के लिए वाटर हार्वेस्टिंग की प्रैक्टिकल क्लासेस लगनी चाहिए।

:: हमारी शिक्षा का आधार कभी भी बच्चों को व्यापारी बनना नहीं रहा।यह हमेशा सर्विस सेक्टर की तरफ ही खींचती है। शिक्षा में कुछ ऐसे चैप्टर को भी जोड़ना चाहिए जिसमें बच्चों को यह सिखाया जा सके कि वह पैसे कैसे बचाएं व किस प्रकार उसे इन्वेस्ट करें व नया व्यापार किस प्रकार स्थापित करें।

:: किसी जख्मी व्यक्ति के उपचार के लिए फर्स्ट एड की प्रैक्टिकल क्लासेस

भी लगनी चाहिए ।

:: आम जनमानस में वैमनस्य पैदा करने वाले चैप्टर को तत्काल प्रभाव से हटा देना चाहिए ।

:: शिक्षा ऐसी होनी चाहिए जो सभी धर्म व जातियों के बच्चों में परस्पर प्रेम भाव पैदा कर सके। स्कूल ही वह जगह है जहां पर हम बच्चों के मन से जातिवाद का ज़हर शुरुआत में ही हटा सकते हैं।

:: बच्चों को सभी धर्म के बारे में जितनी जानकारी ज़रूरी है बस उतनी ही जानकारी देनी चाहिए तथा किसी भी एक धर्म को स्कूल पर हावी नहीं होने देना चाहिए।

:: शिक्षा ऐसी होनी चाहिए जो बच्चों के मन में, समाज में रहने वाले गरीबों व कमजोर तबके के प्रति सिम्पैथी व इम्पैथी, दोनों जागृत कर सके।

:: कुछ चैप्टर ऐसे होने चाहिए जो बच्चों को बढ़ती जनसंख्या के दुष्प्रभावों के प्रति जागरूक कर सके।

:: छात्रों के मन में अपने शिक्षकों के प्रति आदर भाव जगाने वाले चैप्टर होने चाहिए। तभी वह अपने शिक्षकों द्वारा कही गई बातों को पूर्ण रूप से आत्मसात कर सकेंगे।

:: शिक्षा ऐसी होनी चाहिए जो बच्चों में नैतिक मूल्यों के उत्थान की बात करें।

:: शिक्षा ऐसी होनी चाहिए जो शहर में आपदा आने पर बच्चों को समाज सेवा करने की ट्रेनिंग दे सके व दूसरों की मदद के लिए उत्साहित कर सके।

:: सिर्फ राजनीतिक इतिहास पढ़ाने की बजाय, भारत के इतिहास के

विभिन्न पहलुओं पर भी प्रकाश डालने वाली शिक्षा होनी चाहिए।

:: लैंगिक समानता के प्रति बच्चों को जागरूक करने वाले चैप्टर भी होने चाहिए। चैप्टर में रोल करने वाले कैरेक्टर कभी मेल, कभी फीमेल, तो कभी ट्रांसजेंडर भी होने चाहिए। इससे बच्चे बड़े होकर समाज में उन्हें हीन दृष्टि से नहीं देखेंगे।

:: शिक्षा ऐसी होनी चाहिए जो बच्चों के सकारात्मक चरित्र निर्माण में सहायक हो।

:: समाज से रेसिज़्म को खत्म करने के लिए, चैप्टर्स में अलग–अलग राज्यों के कैरेक्टर्स को शामिल करना चाहिए ताकि बच्चे विभिन्न राज्यों में रहने वाले लोगों के प्रति समान भाव से रिएक्ट करना सीख सके।

:: राष्ट्रीय एकता को बढ़ाने वाली शिक्षा होनी चाहिए।

इस अध्याय को पढ़ने के बाद शायद कुछ लोग कहेंगे कि जब बच्चे क्लास में यही सब पढ़ेंगे तो बाकी की शिक्षा कब पूर्ण होगी। यहाँ मैं यह बात स्पष्ट कर देना चाहता हूं कि मैं उपरोक्त सुझावों को जोड़ना चाहता हूं ना कि जो अब तक कक्षा में पढ़ाया जा रहा है उसे खत्म करवाना चाहता हूं। मैं बस उसे सही तरीके से पढ़ाने का सुझाव दे रहा हूं। जिसे डॉक्टर बनना है वो स्कूल की पढ़ाई पूर्ण करने के बाद एम. बी. बी. एस. का कोर्स तो करेगा ही, जिसे किसी खास फील्ड का इंजीनियर बनना है, वो भी अपनी स्कूल शिक्षा पूर्ण करने के बाद, किसी खास कॉलेज में खास कोर्स को तो पढ़ेगा ही। लेकिन इन सब से पहले यदि हम समझदारी से काम लें तो स्कूली दिनों में ही हम अपने बच्चों को काफ़ी कुछ सिखा सकते हैं। हमें बस अपना माइंडसेट बदलने की ज़रुरत है। शिक्षा का कार्य मात्र बच्चों को शब्द रटाकर नम्बर प्रदान करना ही नहीं है बल्कि उन्हें संस्कारवान बनाना तथा समाज सेवा के प्रति जागरुक बनाना भी होता है।

(10)

पुस्तक का दूसरा भाग कब ?

पहले जब मैंने इस पुस्तक की शुरुआत की थी, तब मैंने यह सोचा नहीं था कि इस पुस्तक के भाग 2 की ज़रूरत भी पड़ सकती है । चूंकि पुस्तक के इस प्रथम भाग में मैंने इस बात को समझाने की कोशिश की है कि आखिर समस्या की जड़ क्या है और इस समस्या से किस प्रकार निपटा जा सकता है।

लेकिन युद्ध की इस यात्रा में मेरे साथ आगे क्या–क्या हुआ या आगे क्या–क्या होगा, इसके बारे में भी मैं हर एक जानकारी अपने पाठकों को देना ज़रूरी समझता हूं। कौन–कौन इस यात्रा में मेरे साथ आए, और किस–किस ने मेरी इस यात्रा में विघ्न डालने की कोशिश की, इन सब की जानकारी पाठकों के सामने आना अत्यंत आवश्यक है, क्योंकि यह लड़ाई सिर्फ मेरी नहीं बल्कि संपूर्ण भारत के प्राइवेट स्कूलों में पढ़ने वाले छात्रों के समस्त अभिभावकों की भी है।

मैं यह नहीं जानता कि इस यात्रा में मैं कहां तक पहुंचूंगा। मैं यह भी नहीं जानता कि मेरी इस मुहिम का अंजाम क्या होगा। लेकिन मैं आप सभी पाठकों को एक वचन ज़रूर देता हूं कि मैं इस मुहिम से अपना पांव वापस नहीं खीचूंगा। फिर इसका अंजाम चाहे जो कुछ भी हो। पुस्तक के अगले भाग में इस बात पर भी चर्चा की जाएगी कि मैं इसके संबंध में किन–किन लोगों से मिला और उन्होंने इस समस्या के खात्मे के लिए क्या आश्वासन दिए तथा किन किन लोगों ने धरातल पर आकर इस समस्या का समाधान करने में सहयोग किया।

इस पुस्तक का दूसरा भाग इसलिए भी लिखना ज़रूरी है क्योंकि यह कहानी अभी अधूरी है। मैं चाहता हूं कि इस मुहिम में आप सभी मेरा साथ दें। मुझे आप लोगों से पैसा नहीं चाहिए बल्कि मॉरल सपोर्ट चाहिए। हमारी और आपकी संगठित ताकत ही यह तय करेगी कि यह यात्रा किस दिशा में आगे बढ़ती है और इसके क्या-क्या सकारात्मक परिणाम देखने को मिलते हैं। **जैसा कि मैंने पिछले चैप्टर में भी कहा था कि इस यात्रा की शुरुआत मैं माननीय सुप्रीम कोर्ट में PIL फाइल करने से करूँगा।** शीघ्र ही आप लोगों से पुनः मुलाकात होगी।

नमस्कार।

To be continued----

AWARDS

महामहिम राज्यपाल उत्तर प्रदेश श्रीमती आनंदीबेन पटेल द्वारा 'विनोबा सम्मान'

AWARDS

पद्मश्री अनूप जलोटा जी द्वारा 'काव्य भूषण सम्मान'

कैबिनेट मंत्री (उ०प्र०) श्री सुरेश कुमार खन्ना जी द्वारा 'राष्ट्र निर्माता शिक्षक सम्मान'

कैबिनेट मंत्री (उ०प्र०) श्री कपिल देव अग्रवाल जी द्वारा 'उत्कृष्ट लेखन सम्मान'

मा० राजयसभा सांसद श्री मिथिलेश कुमार एवं मा० सदस्य विधान परिषद् श्री सुधीर गुप्ता जी द्वारा 'अटल रत्न सम्मान'

मशहूर शायर प्रो० वसीम बरेलवी द्वारा 'प्रेरणा सम्मान'

उद्यम मंत्रालय से सम्बद्ध लखनऊ अमेक द्वारा 'साहित्य रत्न सम्मान'

दैनिक जागरण समूह द्वारा 'रुहेलखंड रत्न सम्मान'

प्रमुख मीडिया संस्थानों द्वारा प्रकाशित लेख

the pioneer
Friday, 23 23cember 2022

The Director of the famous Doon International School launches multiple books

Friday, 23 December 2022 | Agencies

the pioneer

Books act as a gateway that transports a person into a different universe. It not only makes us knowledgeable but also develops creative thinking and visualisation abilities. A philomath is a person who loves to learn and study various fields. Dr JasmitSahani is that person. Dr Jasmit is the Director of the prestige Doon International School. H

ZEENEWS

HOME   LIVE TV   LATEST NEWS   INDIA   MY I

News >

Dr Jasmit Sahani is a true patriot working towards all-round development

Written By Zee Media Bureau | Last Updated: Dec 02, 2022, 06:41 PM IST

New Delhi: Dr. Jasmit Sahani, Director of Doon International School, believes in the theory of "Knowledge is Money" instead of Time. He is an

| INDIA TODAY | DAILYO |  | | | |

INDIA TODAY

News / Impact Feature / Jasmit Sahani shares his wisdom in t...

Jasmit Sahani shares his wisdom in the form of books

 India Today Web Desk
New Delhi, UPDATED: Dec 14, 2022 12:04 IST

By India Today Web Desk: There are several elements in the universe that we don't know everything about. Since learning is a

समाचार पत्रों में उल्लेख

दैनिक जागरण

डॉ.जसमीत साहनी के जुनून से दून स्कूल छू रहा नई ऊंचाईयां।

डॉ. जसमीत साहनी का नाम आज किसी परिचय का मोहताज नहीं हैं। बहुत ही कम समय में डॉ. जसमीत साहनी ने अपनी बहुमुखी प्रतिभा व जुनून के कारण उन्नति के शिखर को छूआ और समाज में एक अलग मुकाम हासिल किया।

उनके जुड़वां पुत्रों के नाम की अनोखी कहानी

दून इंटरनेशनल स्कूल की स्थापना

द राइडर ऑफ टाइम

OCCUPATION

CONTACT DETAILS

DR. JASMIT SAHANI
MOB.- 7309182398
e-mail - sahni94@gmail.com

लेखक द्वारा प्रकाशित अन्य पुस्तकें

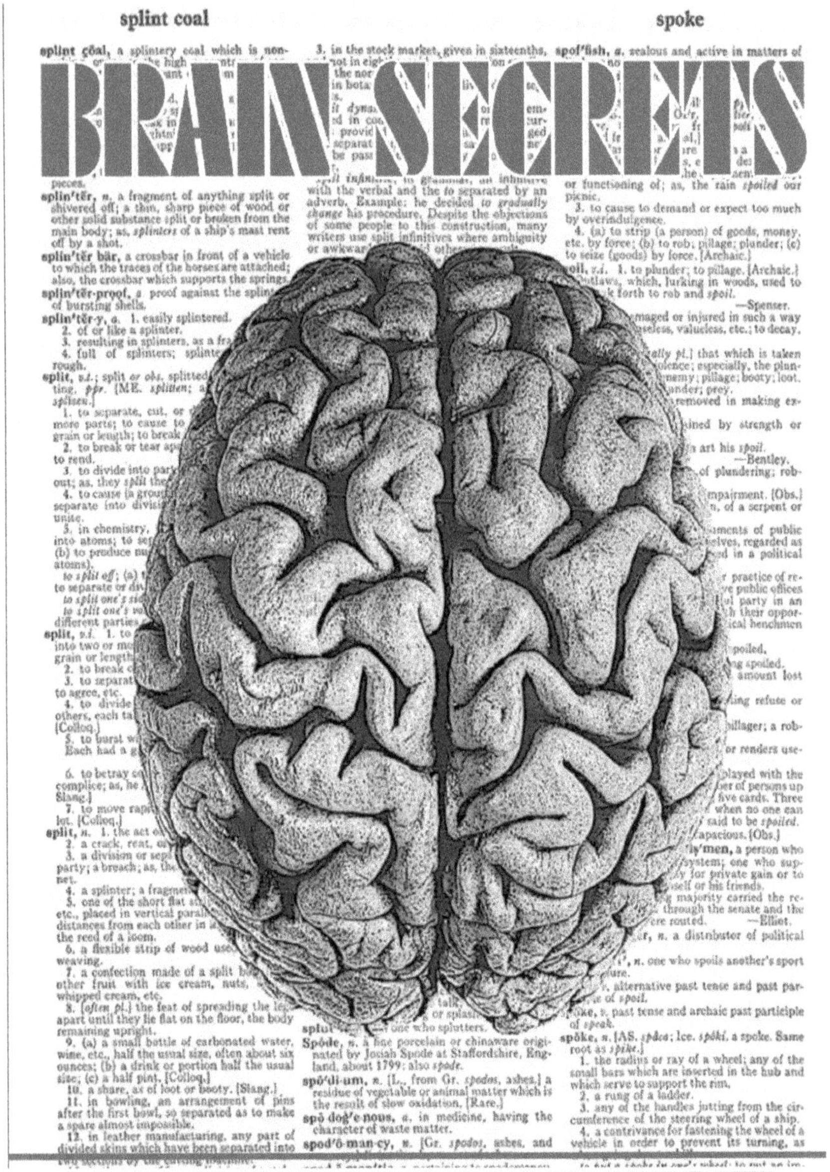

splint coal
spoke
BRAIN SECRETS
Author & Writer : JASMIT SAHANI
1754

BlueRose Presents
महाभारत
साइकोलॉजी
The author of this book is a:
Address:
महाभारत
साइकोलॉजी

डॉ. जसमीत साहनी

amazon Flipkart

द राइडर
ऑफ़ टाइम
डॉ. जसमीत साहनी

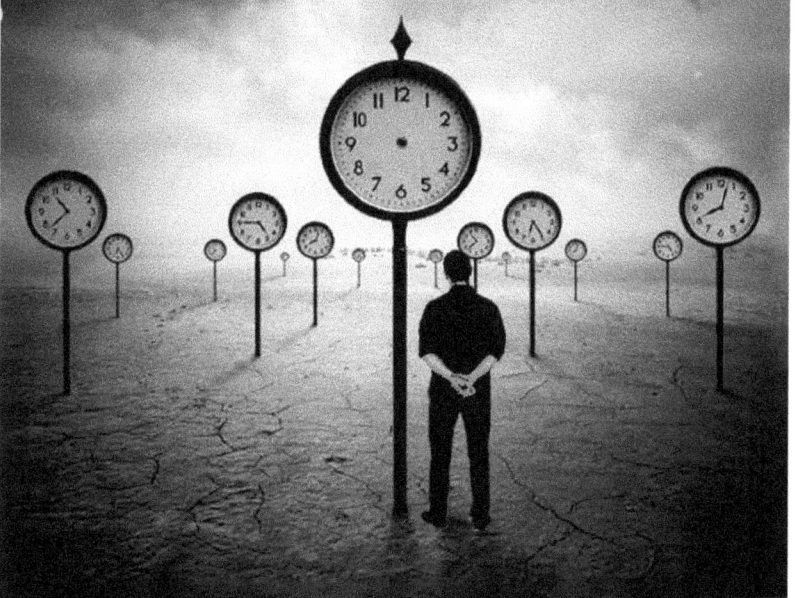

The Psychology of Mahabharat

DR. JASMIT SAHANI

amazon Flipkart

www.ingramcontent.com/pod-product-compliance
Lightning Source LLC
LaVergne TN
LVHW061619070526
838199LV00078B/7340
* 9 7 8 9 3 6 4 5 2 1 5 4 3 *